壮阔历程 时代华章

——新中国成立70周年 四川大学建设发展成就概览

1949—2019

主　编◎毕　玉
副主编◎王金玉　李金中　张宏辉

四川大学出版社

项目策划：杨岳峰　王　静
责任编辑：王　静　袁　捷
责任校对：张宇琛
封面设计：墨创文化
责任印制：王　炜

图书在版编目（CIP）数据

壮阔历程　时代华章 ：新中国成立 70 周年四川大学建设发展成就概览 / 毕玉主编. — 成都 : 四川大学出版社, 2020.11
ISBN 978-7-5690-3993-1

Ⅰ. ①壮… Ⅱ. ①毕… Ⅲ. ①四川大学－校史－1949-2019 Ⅳ. ①G649.287.11

中国版本图书馆 CIP 数据核字 (2020) 第 236613 号

书名　壮阔历程　时代华章——新中国成立 70 周年四川大学建设发展成就概览
ZHUANGKUO LICHENG SHIDAI HUAZHANG — XINZHONGGUO CHENGLI 70 ZHOUNIAN SICHUANDAXUE JIANSHE FAZHAN CHENGJIU GAILAN

主　　编	毕　玉
出　　版	四川大学出版社
地　　址	成都市一环路南一段 24 号（610065）
发　　行	四川大学出版社
书　　号	ISBN 978-7-5690-3993-1
印前制作	墨创文化
印　　刷	成都市金雅迪彩色印刷有限公司
成品尺寸	210mm×285mm
印　　张	9
字　　数	240 千字
版　　次	2020 年 12 月第 1 版
印　　次	2020 年 12 月第 1 次印刷
定　　价	70.00 元

◆ 读者邮购本书，请与本社发行科联系。
电话：(028)85408408/(028)85401670/
(028)86408023　邮政编码：610065
◆ 本社图书如有印装质量问题，请寄回出版社调换。
◆ 网址：http://press.scu.edu.cn

四川大学出版社
微信公众号

前言

万里神州歌盛世，百廿川大谱新篇。在四川大学创建世界一流大学的征程中，全校师生与全国各族人民共同迎来了新中国七十周年华诞。

一滴水可以折射出太阳的光辉，四川大学的发展是新中国七十年高等教育实现跨越式发展的缩影。七十年栉风沐雨，七十年沧桑巨变，一代代川大人不忘初心、牢记使命、砥砺奋进，在人才培养、科学研究、社会服务、文化传承创新等各方面，做出了无愧于国家、无愧于民族、无愧于时代的突出贡献。

本图册全景式记录了新中国成立七十年来四川大学发展的风雨历程，立体式呈现了各时期学校建设取得的辉煌成就，多角度展示了四川大学七十年来发生的巨大变化，以此向祖国七十华诞献礼，向百廿川大致敬，激励一代代川大人朝着创建世界一流大学的宏伟目标，朝着中华民族伟大复兴的光辉前景，乘风而进，奋楫前行！

目录 CONTENTS

第一章

薪火相传　砥砺前行
——发展沿革

创办于1896年的四川大学，在党和国家的关怀下，在新中国波澜壮阔的高等教育改革发展进程中，坚持与人民同甘苦，与祖国同命运，与时代同呼吸，与社会同进步，历经院系调整、三强合并等多次管理体制变革，谱写了中国现代大学继承与创造并进、光荣与梦想交织的辉煌乐章。

筚路蓝缕　家国新成

四川大学历来是“四川进步势力的大本营”和“西南一带传播革命种子的园地”，自诞生之日起，就在血与火的洗礼中涌现了一大批与时代和人民同呼吸、共命运的仁人志士。在极其艰苦的条件下，四川大学师生在苦难中求索、在风雨中前进，用热情和鲜血铸就了光荣的革命传统。为了共和国的诞生，为了中国人民的解放，他们奉献了青春和无数的汗水，有些甚至付出了自己的鲜血和生命。他们无愧为四川大学的骄傲，也是四川人民的骄傲和中国革命的骄傲。

成都地区高校师生在学校广场声援北京五四运动

1920年，王右木、童庸生等人在学校成立了马克思读书会，这是西南地区最早宣传马克思主义的组织

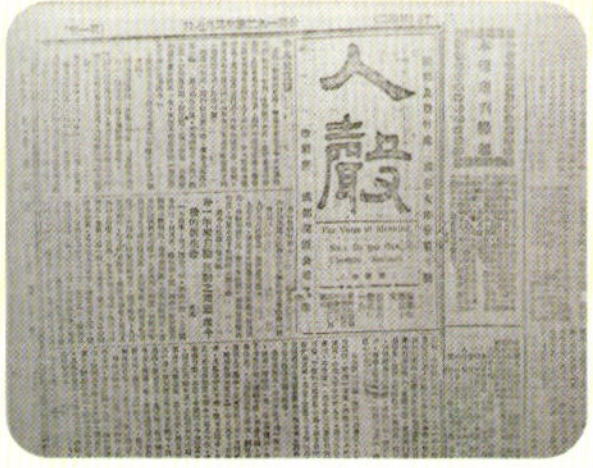

王右木于1922年2月创办《人声》报，这是四川地区第一份以宣传马克思主义为主要任务的刊物

学校师生创办与《湘江评论》齐名的《星期日》周刊

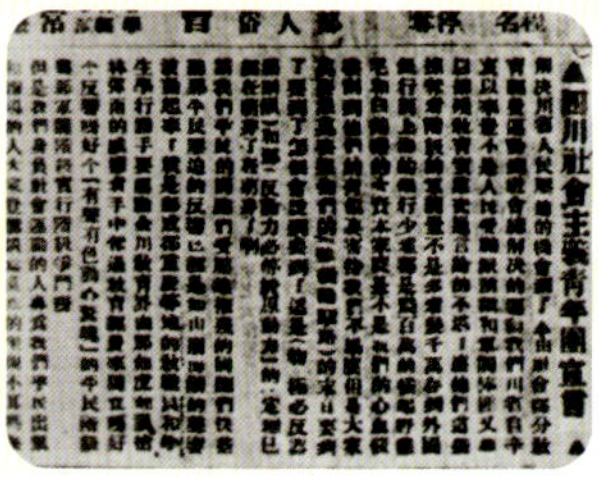

1922年4月，四川地区最早的社青团组织——四川社会主义青年团成立；1923年，在此基础上成立了四川地区最早的共产党组织——中国共产党成都独立一组

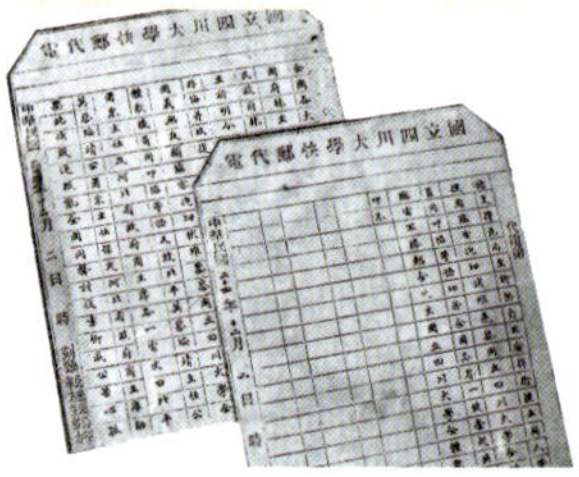

1935年，四川大学学生为声援“一二·九”运动发出的声讨汉奸的通电

1

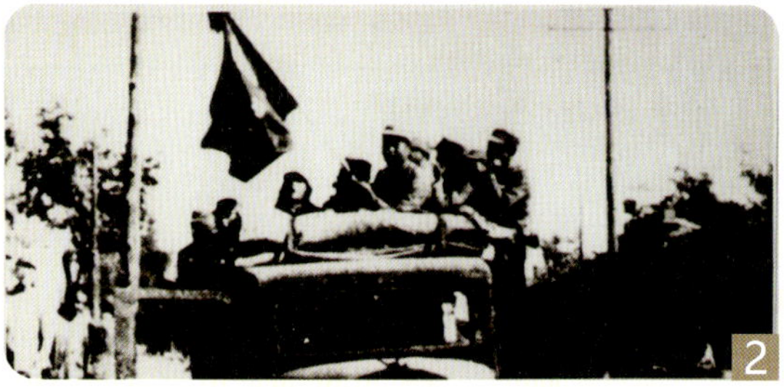

2

3

4

5

6

1.以四川大学学生为骨干的中华民族解放先锋队成都队于抗战时期领导了成都地区的抗日救亡运动
2.抗战时期，100多名师生奔赴延安
3.抗战时期，学校空袭救护队开展抢救演习
4.20世纪40年代进步学生团体——黎明歌唱团部分成员合影
5.1947年初，进步学生从华西协和大学广场出发，举行抗议美军暴行的示威游行
6.1949年冬，参加护校斗争的女同学

为新中国诞生献出宝贵生命的川大英烈名录（不完全统计）

张培爵	龙鸣剑	胡良辅	董修武	王右木	恽代英
杨闇公	童庸生	袁诗荛	龚堪慎	李正恩	钱芳祥
张博诗	王道文	王向忠	胡景瑗	韩钟霖	何秉彝
杨　达	田雨晴	彭明晶	杨国杰	曾　莱	饶耿之
陆更夫	苟永芳	修　焘	刘伯坚	廖恩波	余泽鸿
余宏文	缪嘉文	黄孝逵	陈其镕	顾民元	江竹筠
马秀英	李惠明	何懋金	郝耀青	蒋开萍	张国维
黄宁康	胡其恩	艾文宣	杨伯恺	王干青	刘仲宣
缪竞韩	田中美	余天觉	方智炯	张大成	黎一上
王建昌	毛英才	徐达人	刘则先	杨家寿	曾廷钦
王景标	庹世裔	王开疆	苏　文	林学逋	袁守诚
詹振声					

王右木，四川地区最早的共产主义党团组织创始人之一。

江竹筠（即红岩英烈“江姐”），被誉为“中华儿女革命的典型”;1949年，渣滓洞牺牲的200多名烈士中，有10名为四川大学师生及校友。

开国大典上的川大人

1949年10月1日，中华人民共和国成立，有4名四川大学校友登上天安门城楼出席开国典礼。

他们是：中央人民政府副主席、中国人民解放军总司令朱德（1906—1908年在四川省城高等学堂体育科甲班学习）；中央人民政府副主席张澜（尊经书院学生，1926—1931年担任国立成都大学校长）；中央政府委员吴玉章（尊经书院学生，1922—1924年担任成都高等师范学校校长）；政务院副总理郭沫若（1913年在四川省城高等学堂正科二部学习）。

成都解放

四川大学革命师生与解放军在成都桑园机场胜利会师

1949年12月27日，四川大学师生在成都盐市口热烈欢迎解放军入城

1949年12月31日，华西协合大学师生欢迎解放军进入成都

人民政府接管学校

迎着中华人民共和国明媚的春光，学校迈入了新的历史发展期。1950年11月7日，“国立四川大学”更名为“四川大学”，并于1953年10月11日，根据政务院《关于修订高等学校领导关系的决定》成为四川省唯一由教育部直接管理的综合性大学。

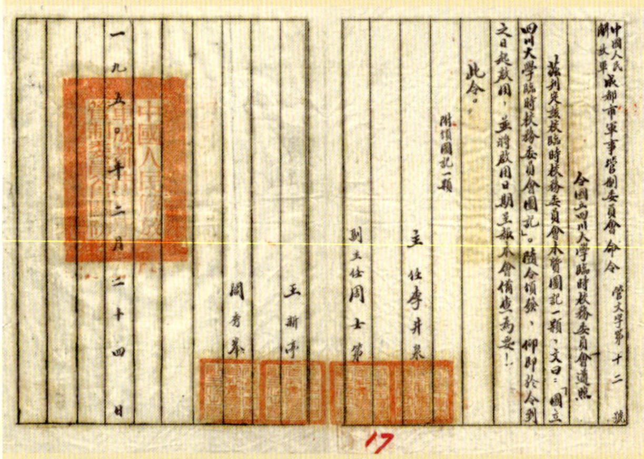

人民政府接管国立四川大学文件

新中国成立后首届四川大学校务委员会

1951年10月6日，人民政府接管“私立华西协合大学”，改名为“华西大学”。

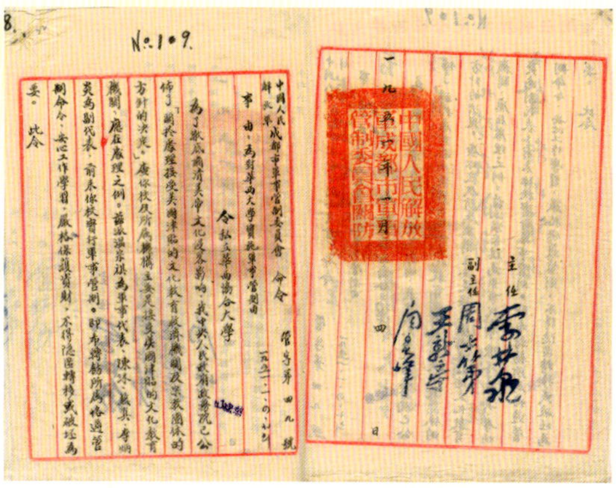

人民政府接管华西协合大学文件

1951年10月，华西大学庆祝接管盛典

华西大学校长刘承钊接受授印

院系调整

1952—1956年，国家开展了全国高校院系调整工作。

四川大学部分调出科系(专业)		
时间	调出科系(专业)	调往院校(单位)
1952年	航空	北京航空学院
	园艺、植物病虫害、蚕桑、农业化学、农业经济	西南农学院
	法律、政治	西南人民革命大学(西南政法学院)
	教育	西南师范学院、四川师范学院
	化学工程、农产品制造	四川化学工业学院
1953年	铁路建筑	中南土木建筑学院
	农业经济	北京农学院、东北农学院
	地质	重庆大学
	地理、气象	南京大学、西南师范学院、山东大学
1954年	工学院独立建院为成都工学院	
1956年	农学院独立建院为四川农学院，其中林学系于1958年独立为四川林学院	
四川大学部分调入科系(专业)		
时间	调入院校(单位)	调入科系(专业)
1951年	云南大学	航空
1952年	华西大学	中文、历史、数学、物理、化学、博物馆
	川北大学	水利、化工、农学
	西南农学院	农学、畜牧
	西南工专	土木水利
1953年	云南大学	土木
	贵州大学	农业、经济、土木水利
	西昌技专	畜牧
	重庆建工学院	城市道路、汽车干路
	重庆大学	数学、物理、化学、中文、外文
华西大学部分调出科系(专业)		
时间	科系(专业)	调往院校(单位)
1952年	历史、中文	四川大学、四川师范学院、中央民族学院
	数学、化学	四川大学、四川化工学院、西南师范学院
	经济	四川财经学院
	音乐	四川省艺专(四川音乐学院)
	农业	四川农科所
	医学院(部分教师)	西南军医学院、北京整形医院
华西大学部分调入科系(专业)		
时间	学校	科系(专业)
1952年	重庆大学医学院	卫生学、生物学、微生物学
1955年	山东医学院	解剖学、内科学、外科学
	浙江医学院	药学、卫生

因院系调整四川大学和华西大学调出、调入专业

■ 院系调整中的四川大学

因院系调整奔赴外地的四川大学师生

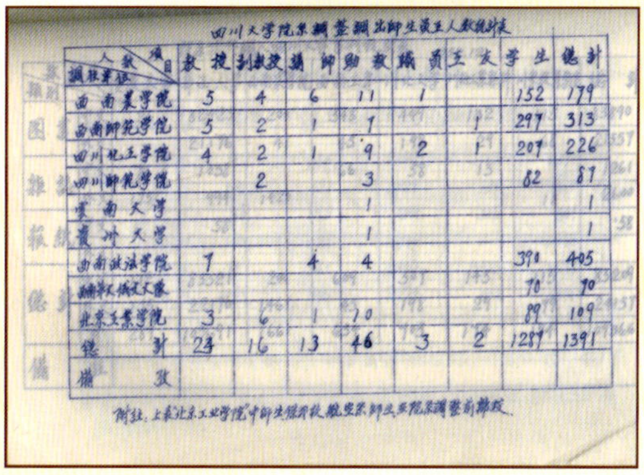

四川大学院系调整调出师生员工人数统计表

调往单位	教授	副教授	讲师	助教	职员	工友	学生	总计
西南农学院	5	4	6	11	1		152	179
西南师范学院	5	2	1	7		1	297	313
四川化工学院	4	2	1	9	2	1	207	226
四川师范学院		2		3			82	87
云南大学				1				1
贵州大学				1				1
西南政法学院	7		4	4			390	405
[illegible]							70	70
北京农业学院	3	6	1	10			89	109
总计	24	16	13	46	3	2	1287	1391
备考								

1952年四川大学调出师生统计表

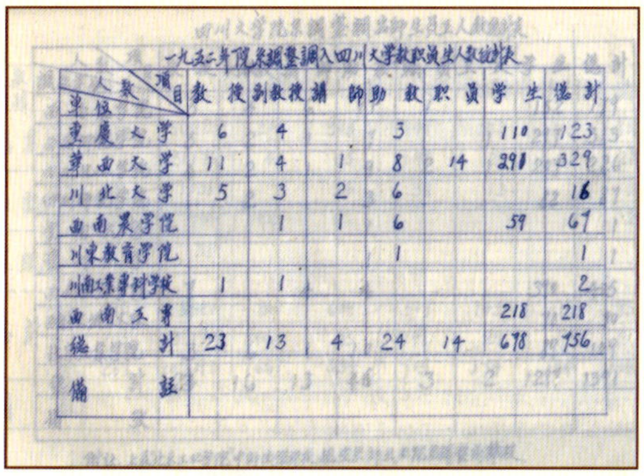

一九五二年院系调整调入四川大学教职员生人数统计表

单位	教授	副教授	讲师	助教	职员	学生	总计
重庆大学	6	4		3		110	123
华西大学	11	4	1	8	14	291	329
川北大学	5	3	2	6			16
西南农学院		1	1	6		59	67
川东教育学院				1			1
川南工业专科学校	1	1					2
西南工专						218	218
总计	23	13	4	24	14	678	756
备注							

1952年四川大学调入师生统计表

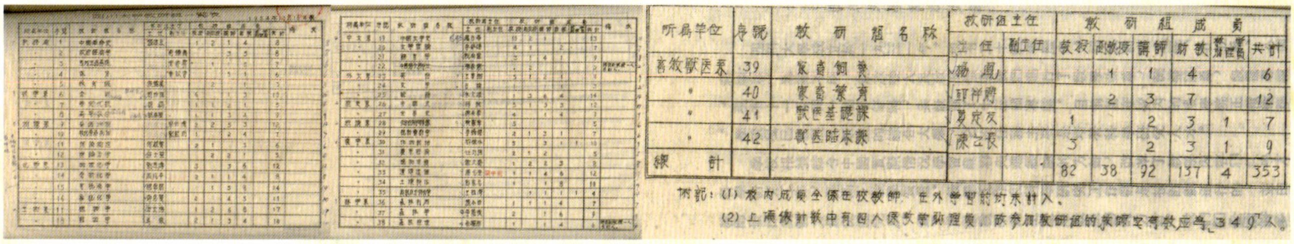

1954年，院系调整后的四川大学教研室

■ 院系调整中的华西大学

华西大学教师奔赴新岗位

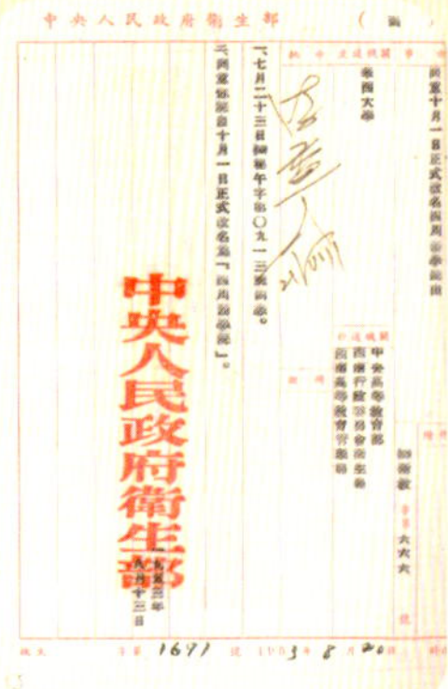

1953年10月6日，卫生部决定将华西大学更名为“四川医学院”

四川医学院挂牌

■ 成都工学院成立

1952年11月17日，四川化学工业学院成立；1954年8月，政务院批准“四川大学工学院独立建校”，定名为“成都工学院”；1954年11月29日，国务院批准四川化工学院与成都工学院合并，学校名称仍为“成都工学院”。

20世纪50年代，四川化学工业学院教学楼

1954年，成都工学院成立批文

1954年，成都工学院成立大会

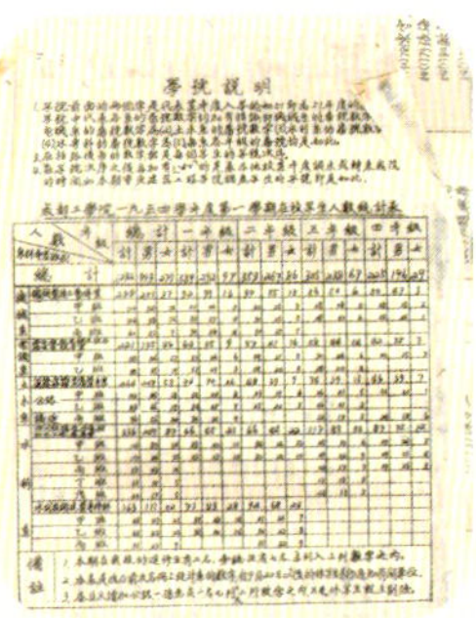

1954年，成都工学院在校学生人数统计表

经过1952—1956年的全国高等院校院系调整，四川大学成为一所文理科兼备的综合性大学，四川医学院成为一所新型多专业医药院校，成都工学院成为一所新型多科性高等工业学校。

齐头并进

- ◆ 1960年10月22日，四川大学被确定为首批全国重点大学
- ◆ 1978年10月23日，成都工学院更名为成都科技大学，由中国科学院领导并被确定为全国重点大学
- ◆ 1978年，四川大学和四川医学院再次被确定为全国重点大学
- ◆ 1980年，成都科技大学成为教育部直属全国重点大学
- ◆ 1985年5月14日，四川医学院更名为华西医科大学

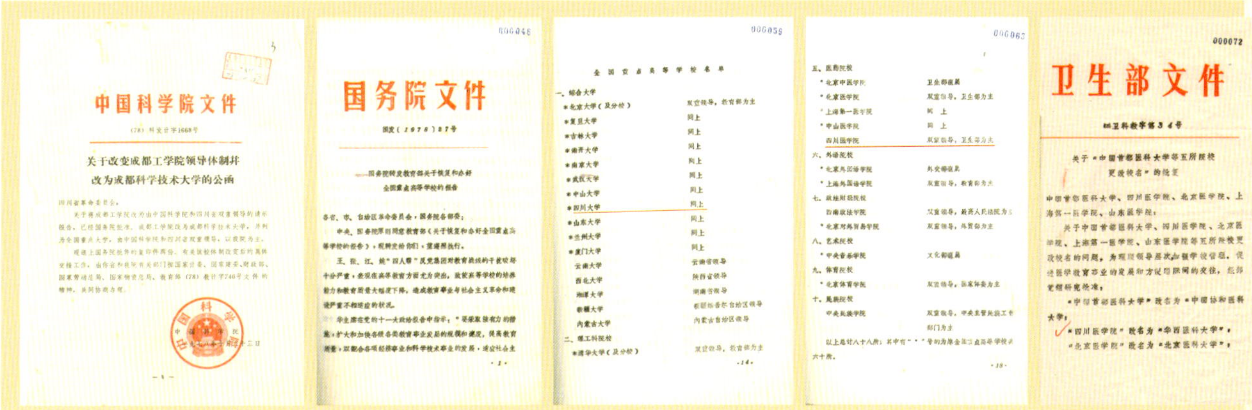
中国科学院文件

关于改变成都工学院领导体制并改为成都科学技术大学的公函

国务院文件

卫生部文件

三强合一

1994年3月16日，四川大学、成都科技大学合并组建四川联合大学（四川大学、成都科技大学），开新时期中国高校强强合并之先河。1998年，四川联合大学更名为四川大学

1996年4月和12月，四川联合大学、华西医科大学先后通过国家“211工程”部门预审

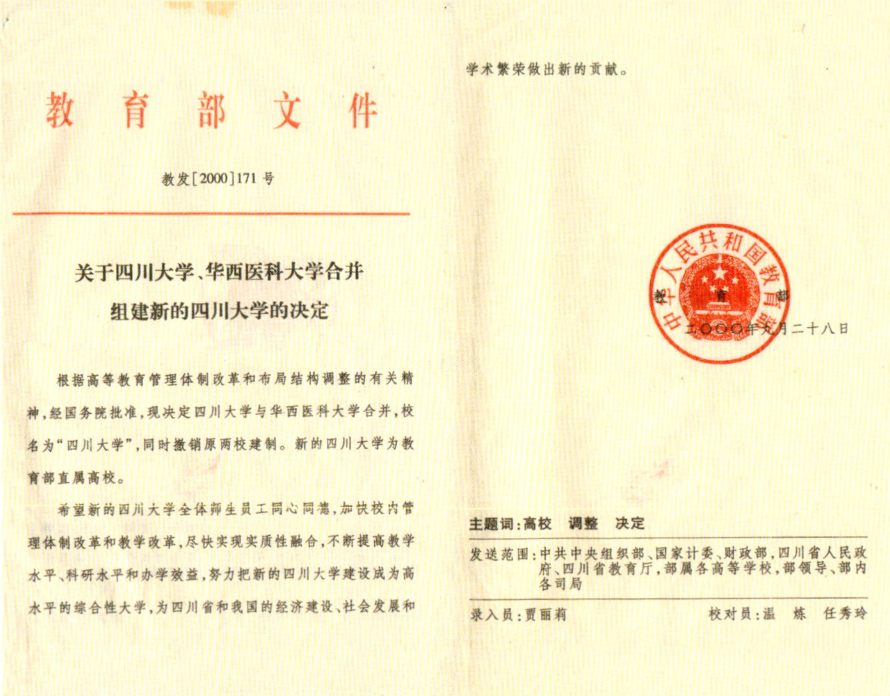

学术繁荣做出新的贡献。

教育部文件

教发[2000]171号

关于四川大学、华西医科大学合并组建新的四川大学的决定

根据高等教育管理体制改革和布局结构调整的有关精神，经国务院批准，现决定四川大学与华西医科大学合并，校名为"四川大学"，同时撤销原两校建制。新的四川大学为教育部直属高校。

希望新的四川大学全体师生员工同心同德，加快校内管理体制改革和教学改革，尽快实现实质性融合，不断提高教学水平、科研水平和办学效益，努力把新的四川大学建设成为高水平的综合性大学，为四川省和我国的经济建设、社会发展和

中华人民共和国教育部

二〇〇〇年九月二十八日

主题词：高校　调整　决定

发送范围：中共中央组织部、国家计委、财政部，四川省人民政府、四川省教育厅，部属各高等学校，部领导、部内各司局

录入员：贾丽莉　　校对员：温　炼　任秀玲

2000年9月28日，已经第一次"强强合并"的四川大学与华西医科大学合并，组建新的四川大学，成为全国大规模并校改革的压轴戏。此图为2000年四川大学第二次并校改革决定文件

李岚清同志在考察新四川大学时说："四川大学是我国高教改革最早的大学，为高校改革做出了历史性贡献，可以说是高校体制改革的先锋。"

盛世华章

2001年9月29日，教育部与四川省人民政府签署第二次部省共建协议，标志着四川大学正式进入以"创建若干所具有世界先进水平的一流大学和一批一流学科"为目标的国家"985工程"。

2016年9月29日，"四川省、成都市、四川大学共建世界一流大学启动暨四川大学建校120周年庆祝大会"隆重举行，标志着四川大学踏上省市校共建世界一流大学的新征程

2017年6月，中国共产党四川大学第八次代表大会确立了“全面推进学校党的建设新的伟大工程和建设世界一流大学新的伟大事业”的奋斗目标

四川大学世界一流大学建设推进大会

2017年，四川大学进入“世界一流大学建设高校A类名单”；2018年1月12日，四川大学召开“四川大学世界一流大学建设推进大会”，标志着学校建设世界一流大学的“施工图”正式实施。

四川大學 SICHUAN UNIVERSITY

第二章

夯实基础 固本培元
——学科建设

学科建设是大学建设发展的龙头。历经七十年风雨历程，四川大学已经发展成为一所涵盖十二大学科门类的研究型综合大学。学校按照“凝练方向、凸显特色、优化结构、提高质量”的原则，通过实施优势学科登峰工程、基础学科夯实工程、传统学科跨越工程、交叉学科突破工程，大力发展引领未来的新兴学科，构建完善学校世界一流学科评价体系，健全学科良性动态调整机制，形成了多学科交叉渗透、协调发展，能够较好适应经济建设、社会发展和科技进步趋势，充分体现一流研究型综合大学内涵和特征的学科体系。

1958—1966年间，学校在改造老专业、发展新专业、开展科学研究和实现现代化等方面获得了重要经验。

1958—1966年四川大学的系和专业	
系	专 业
中文系	语言、文学
历史系	历史学
外文系	英语、俄语
哲学系	哲学
经济系	经济学
数学系	数学、计算数学、力学
物理系	物理学、半导体、固体物理、光学、理论物理
原子能系	原子核物理、放射化学
无线电系	无线电物理、无线电技术
化学系	化学、物理化学、有机化学、无机化学、分析化学、高分子
生物系	动物、植物、生物化学、生物物理

成都工学院1965年招生专业目录	
系	专 业
机械工程系	机械制造工艺及设备
	铸造
	精密机械仪器
电机工程系	发电厂电力网及电力系统
	工业企业电气化及自动化
	电机与电器
基本化工系	无机物工学
	基本有机合成工学
	化工机械
	稀有元素工学
高分子化工系	塑料工学
	化学纤维工学
	合成橡胶工学
	皮革工学
水利工程系	河川枢纽及水电站建筑
	陆地水文
	农田水利工程

注：在专业建设过程中，成都工学院从1960年的37个专业调整为1965年的17个专业。

四川医学院1958年招收本专科生专业

系	招收本科生专业	招收专科生专业
医疗系	医疗学	医学专修科、护士专修科
卫生系	卫生学	保健组织专修科、卫生检验专修科
口腔系	口腔学	—
药学系	药学	—

1960年，四川医学院增设儿科系（儿科专业）、化学专业、生物专业、放射医学专业。

- 1981年1月1日，《中华人民共和国学位条例》正式施行；同年10月，学校被批准确定为首批拥有博士、硕士学位授予权的高校
- 1981年，学校成立学位委员会；1984年9月，学校颁发了《授予学位工作细则》
- 1984年，国家批准四川医学院建立博士点
- 1985年9月，四川大学开始筹建学校第一个博士后流动站——基础数学博士后流动站
- 1996年，国务院学位委员会下达《临床医学专业学位试行办法》，华西医科大学成为试行临床医学专业学位的首批院校

1987年，新中国成立后四川大学首位文科博士吕一飞，系历史系缪钺教授指导

1988年，新中国成立后四川大学首位理科博士孙叔豪，系数学系刘应明教授指导

四川大学第一位外籍理学博士、巴基斯坦留学生阿里巴耶夫在化学系进行博士论文答辩

1987年12月，“成都科技大学首次颁发博士学位证书暨博硕士优秀论文发奖大会”召开

2000年以来，“三强合一”后的四川大学拥有除军事学之外的12大学科门类，其多学科、综合性不仅成为学校的鲜明特色，更为建设一流大学奠定了坚实基础。学校老牌学科实施重振雄威的“学科振兴计划”，优势学科实施瞄准世界前沿的“学科攀登计划”，新兴交叉学科实施开拓创新的“学科发展计划”，形成了特色鲜明的高水平学科体系，学科建设核心指标大幅度增长。

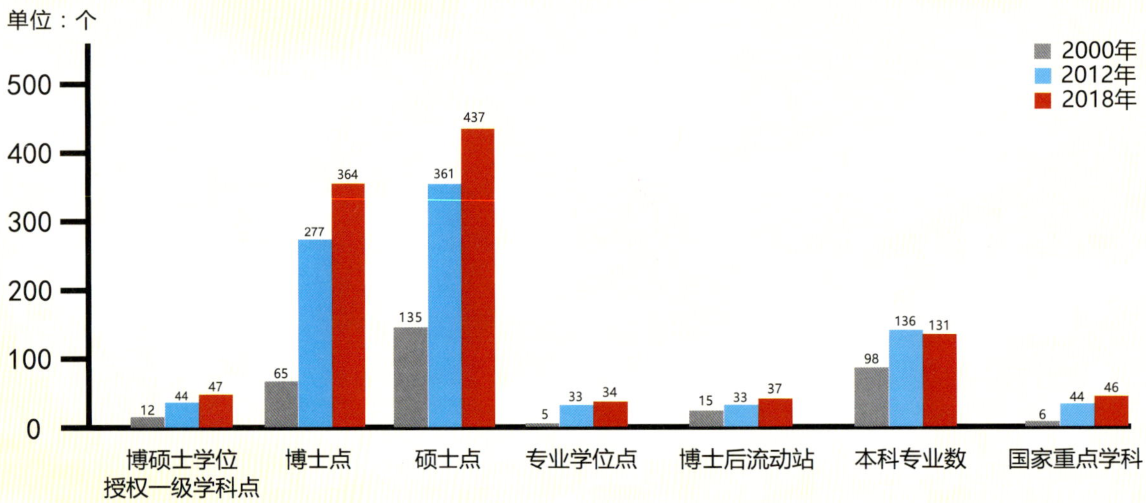

四川大学2000年以来学科建设情况图

新建了一批高水平交叉学科平台

1.2011年11月，正式创建了空天科学与工程学院，并在江安校区筹建航空航天及多学科交叉创新大楼，占地面积30000余平方米

2. 2011年，整合环境科学与工程、化学工程、化学科学、材料科学与工程、生命科学、水利水电工程、土木工程、经济与管理等学科资源，创建了新能源与低碳技术研究院

2013年，四川大学与香港理工大学共建全球第一个“灾后重建管理学院”，该学院是一所灾害危机处理、灾后重建和管理领域科研及专业人才培养的重要基地

在2017年12月公布的全国第四轮学科评估结果中，四川大学共16个学科获评A类学科，排名全国高校第九；其中口腔医学在全国高校一级学科评估中连续四次（20年）位列口腔医学第一名。

2019年5月，学校进入ESI排名全球前1%的学科由2011年的6个增加到17个，并列全国高校第七，其中3个学科进入全球前1‰，9个学科进入世界前5‰。

积极筹建世界第一个以实体载体促进人文与科技融合的“文化艺术与科技创新汇聚中心”，打造“乔布斯”式人才培养摇篮

2016年9月28日，国际关系学院揭牌成立，由原国务委员戴秉国担任名誉院长，成为培养相关专业高层次专门人才、开展国际问题研究、推进国际交流合作的重要基地，这是学校国际关系学科建设发展史上的重要里程碑

整合计算机学院（软件学院）、电子信息学院、信息管理中心和数学学院等优势资源，于2016年成立了四川大学网络空间安全学院，是国务院学位委员会批准的首批29个网络空间安全一级学科博士点培养单位之一

2019年5月学校学科 ESI 排名情况

学科类别	数　量	学科领域
ESI前1‰	3	化学、材料科学、临床医学
ESI前5‰	9	化学、材料科学、临床医学、药理学和毒理学、工程学、生物学与生物化学、分子生物学与遗传学、计算机科学、神经科学与行为科学
ESI前1%	17	化学、临床医学、材料科学、物理学、分子生物学与遗传学、生物学与生物化学、药理学与毒理学、神经科学与行为科学、工程学、数学、农业科学、植物学与动物学、计算机科学、社会科学、精神病学/心理学、免疫学、环境科学/生态学

学校在2019年发布的世界大学学术排名（ARWU）中，位列全球第185位；在2019年的全球自然指数（Nature Index）排名中，位列全球高校第51位。

第三章

滋兰树蕙　桃李芬芳
——人才培养

“十年树木，百年树人。”四川大学视人才培养为立校之本，始终把培养高水平人才作为学校鲜明的价值追求和永恒的责任使命。学校遵循高等教育规律和人才成长规律，紧紧围绕“培养什么人、怎样培养人、为谁培养人”这个根本问题，以社会主义核心价值观为引领，深化教育教学改革，着力培养具有崇高理想信念、深厚人文底蕴、扎实专业知识、强烈创新意识、宽广国际视野的国家栋梁和社会精英。据不完全统计，七十年来学校为国家培养了七十万余名德才兼备的专业型人才，许多毕业生已成为各个行业的领军人物，使学校成为万千学子向往的知识殿堂。

<table>
<caption>1950—2018年四川大学在校生发展变化情况</caption>
<tr><td colspan="9" align="right">单位：人</td></tr>
<tr><th>学生类别</th><th>1950年</th><th>1955年</th><th>1965年</th><th>1978年</th><th>1994年</th><th>2000年</th><th>2012年</th><th>2018年</th></tr>
<tr><td>普通本科生</td><td rowspan="2">4246</td><td rowspan="2">5122</td><td rowspan="2">11605</td><td rowspan="2">8313</td><td>14734</td><td>23274</td><td>41085</td><td>37511</td></tr>
<tr><td>普通专科生</td><td>5673</td><td>954</td><td>0</td><td>0</td></tr>
<tr><td>在校硕士生</td><td>21</td><td>43</td><td>36</td><td>88</td><td>1563</td><td>4279</td><td>17027</td><td>20349</td></tr>
<tr><td>在校博士生</td><td>—</td><td>—</td><td>—</td><td>—</td><td>277</td><td>1209</td><td>4883</td><td>6847</td></tr>
<tr><td>在校留学生</td><td>—</td><td>—</td><td>—</td><td>20</td><td>98</td><td>171</td><td>1416</td><td>3292</td></tr>
<tr><td>普通预科生</td><td>—</td><td>—</td><td>—</td><td>—</td><td>—</td><td>359</td><td>173</td><td>161</td></tr>
<tr><td>成教网络生</td><td>—</td><td>—</td><td>613</td><td>—</td><td>5272</td><td>13325</td><td>64583</td><td>96738</td></tr>
</table>

1955年，高教部提出高等教育工作“首先应以提高教育质量，切实贯彻全国发展的教育方针为中心任务”；1956年，党中央和毛主席发出了“向科学进军”的号召。学校学习苏联教学模式，结合自身特点，积极开展教学改革，提高教育质量，贯彻党的教育方针。

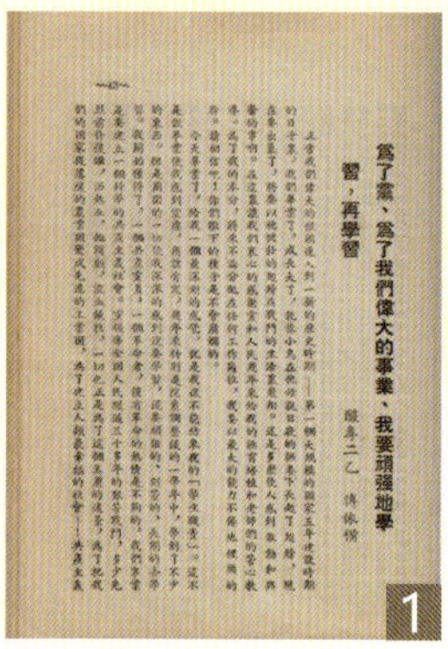

1.1953年，傅依备（2001年被评为中国工程院院士）在毕业纪念册上写下留言“为了党，为了我们伟大的事业，我要顽强地学习，再学习”

2.经济系教师在制订统一教学计划

3.1956年，成都工学院首次为全院444名应届毕业生举行毕业设计与论文答辩

4.1958年，成都工学院在全省高校中被评为“体育红旗院校”

从1961年开始，学校贯彻“调整、巩固、充实、提高”的八字方针和“高教六十条”，面向经济建设和国防建设，积极将实践教育与生产劳动相结合，多渠道建立实习基地，在稳步发展中探索社会主义大学教育新模式。

数学系教师进行学术交流

干部上山下乡参与劳动锻炼

水利系师生在水库实习

机械系学生在工厂研究设计丝锥生产自动线

医学院师生集体编写讲义

医学院学生参加生产劳动

1972年春，学校在停止招生六年后恢复招生，四川大学、成都工学院、四川医学院连续招收了五届工农兵学员，共计10245人。四川医学院还从1969年夏开始接受非本科教育的教学任务。

课堂教学

工农兵学员在图书馆认真看书、学习

师生在凉山进行劳动锻炼

举行“四川医学院药学系首届工农兵学员毕业典礼”

1975年11月，四川医学院在绵竹县土门公社教学点主持召开1974级开门办学经验交流座谈会，针对开门办学中存在的教学质量问题，决定从1975年12月中旬开始，让1974级的全部学生返校补上16周的基础课

1977年恢复高考制度，四川大学录取新生917人，成都工学院录取新生805人，四川医学院医学、卫生、口腔、卫生检验、药学、化学制药6个专业招收本科学生。1978年，学校恢复培养研究生；1982年7月，学校招收了第一名中国古代史博士生。

1978年春，四川大学迎来恢复高考后的第一届学生（1977级），校园内气氛热烈

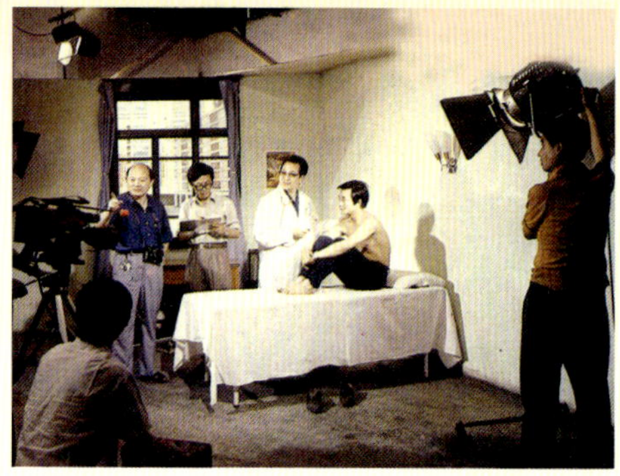

1979年，四川医学院创新教学手段，在全国医学院校中率先拍摄教学电影，获得卫生部奖励。此图为华西第九教学楼内的视听教学现场

1.1981年初，四川大学组建夜大学，招收了汉语言文学和无线电电子学两个四年制本科专业。图为四川大学夜大学首届学生毕业典礼

2.1984年，四川医学院护理专业夜大学开始招生，标志着学校高等护理教育进入新阶段；1993年，华西医科大学开始招收五年制护理本科生，填补了大西南40余年无护理本科教育的空白。图为护理人体实习样模

1

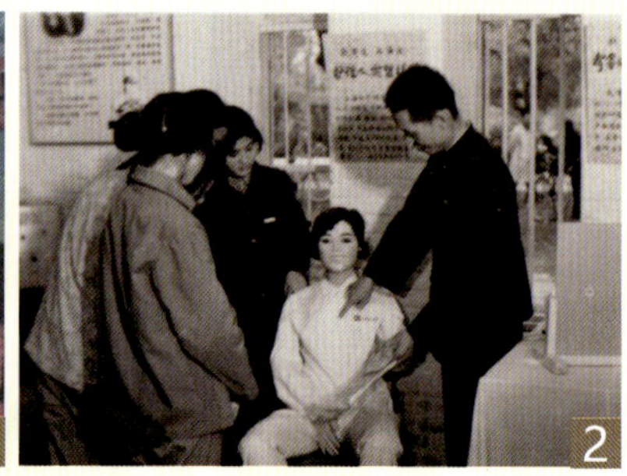

2

3

4

3.华西医科大学于1981年创建六年制口腔医学教育；1988年在全国高校中首批试点七年制口腔医学教育；2004年获教育部批准办临床医学八年制教育，是新中国最早获办长学制临床医学专业的医学院之一

4.1985年，四川大学开始在全校实行学年学分制，毕业生分配开始试行“供需见面”的办法。实行学年学分制后，学生学习积极性变高

1986年，成都科技大学开始设立优秀教学成果奖，并开始试行导师制。图为成都科技大学首届优秀教学成果授奖仪式

1983年和1987年，成都科技大学在第五届、第六届全国运动会上，获得“群众体育工作先进集体”称号

1988年，部分课程试行教师挂牌上课、学生择师听课，并开始试行选拔优秀专科生转入本科培养

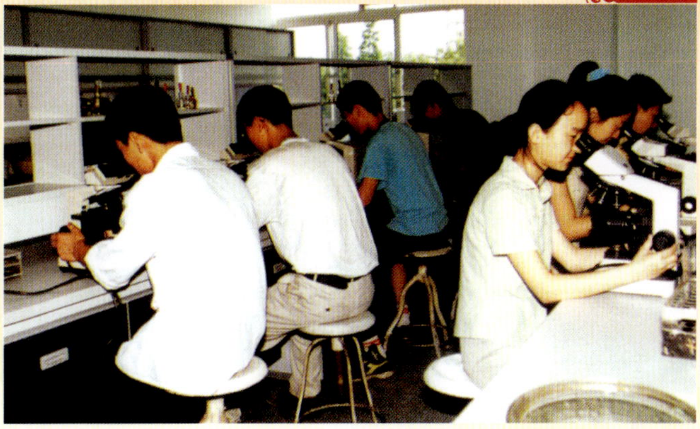

1989年，学校开始设立大学生优秀毕业论文（设计）奖；1991年，开始实行主辅修制度和双学位制度

1991年，学校数学、生物学专业被国家教委确定为首批国家理科基础科学研究和教学人才培养基地

1991年，学校足球队获中国首届大学生足球赛（美菱杯）第三名

1992年，校女排荣获第四届大运会（北京赛区）昌河杯排球赛冠军

第23届奥运会冠军张山（经济学院学生）在校内进行射击表演

1989年，缪钺的“六十五年育才之经验与艺术”获首届国家级优秀教学成果特等奖

1989年，沈际洪、沈其谁、李杰文的“大学体育配套改革成功实践”获首届国家级优秀教学成果特等奖

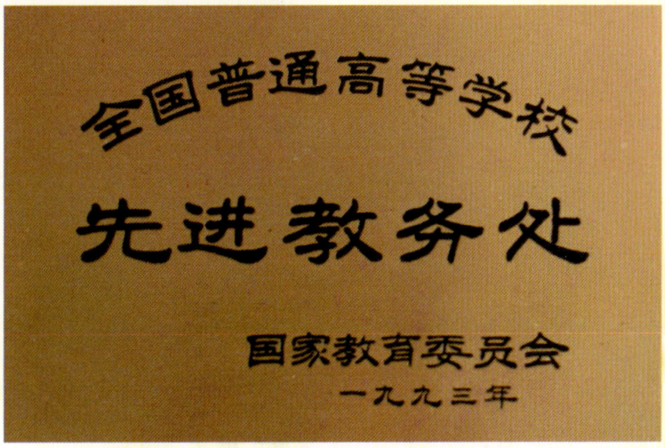

1993年，冉昌光、廖君沛、邱沛篁、秦大雕、刘元奎等合作的“实行教学、科研与社会实践相结合，探索文科教育改革新途径”获第二届国家级优秀教学成果一等奖

1993年，四川大学教务处被国家教育委员会评为全国普通高等学校先进教务处

自1994年开始，四川大学抓住国家实施以“共建、调整、合作、合并”为主要内容的高等教育管理体制改革的契机，积极推进文理渗透、理工结合，大力开展教育教学创新，学校教育教学质量进一步提升。

1

2

3

4

5

6

7

8

9

10

11

12

1. 1994年11月14日，卫生部继续医学教育发展培训中心在华西医科大学成立
2. 1995年，四川联合大学开展“面向21世纪，树立综合素质教育思想”大讨论
3. 1995年，四川联合大学中国语言文学、历史学被确定为国家基础学科人才培养和科学研究基地
4. 1996年，四川联合大学建立国家工科化学教学基地
5. 1998年4月，华西医科大学与成都中医药大学举行联合开办七年制中医学专业（中西医药结合方向）的签字仪式，标志着我国高校开始打破中、西医院校各自封闭办学的状况，探索中西医药结合高级人才培养的新模式
6. 1997年5月，马继贤、高大伦等承担的“田野考古实践课程改革与承担三峡工程考古发掘的成功结合”获全国普通高校国家级教学成果一等奖
7. 1997年，在第五届“挑战杯”全国大学生课外学术科技作品竞赛中，研究生林炜的参赛作品以700万元转让，创造了当时中国大学生科技成果转让的最高纪录
8. 2000年5月，四川大学网络教育学院成立，学校因此成为第一批全国现代远程教育工作试点的15所重点高校之一
9. 2000年6月，教育部批准四川大学试办研究生院，2004年5月研究生院正式成立
10. 2000年，第六届全国大学生运动会田径和女子排球比赛在我校举行；该届大运会是在我国西南地区举行的首次全国性大型综合运动会
11. 2005年9月，四川大学锦城学院举行首届新生开学典礼，这是学校独立学院首次召开新生开学典礼
12. 2006年10月8日，四川大学锦江学院举行落成揭牌仪式

2000年以来，学校确立了精英教育、个性化教育、自由全面发展教育的人才培养理念，以深厚的人文底蕴强化人才培养，以多学科综合优势推进人才培养，以科学研究强势带动人才培养，以国际化教育途径提升人才培养，取得了丰硕的成果，培养了一大批高素质拔尖创新人才。

人才培养目标

培养具有崇高理想信念、深厚人文底蕴、扎实专业知识、强烈创新意识、宽广国际视野的国家栋梁和社会精英。

人才培养“两条主线”

（1）以社会主义核心价值观统领人才培养全过程、全课程

（2）将创新创业教育贯穿人才培养全过程、全课程

人才培养体系沿革

2004年，启动以“四大工程、十二项计划”为主要内容的本科教学“412”质量工程。

2007年，以“一条主线、两个渠道、三个层次、四条途径”为内容，构建研究型大学本科创新人才培养体系。

本科教学『412』质量工程
- 教学管理体制创新工程
  - 校院教学管理体制创新计划
  - 教师教学激励机制构建计划
  - 学分制运行体系完善计划
- 人才培养体系改革工程
  - 人才培养方案改革计划
  - 教育教学改革研究创新计划
  - 专业结构调整改革计划
- 教学内容方式创新工程
  - 精品课程与教材建设计划
  - 公共基础课综合改革计划
  - 实践教学改革计划
- 教学质量保障体系完善工程
  - 质量管理与评估体系建设计划
  - 优良教风学风建设计划
  - 教育技术现代化建设计划

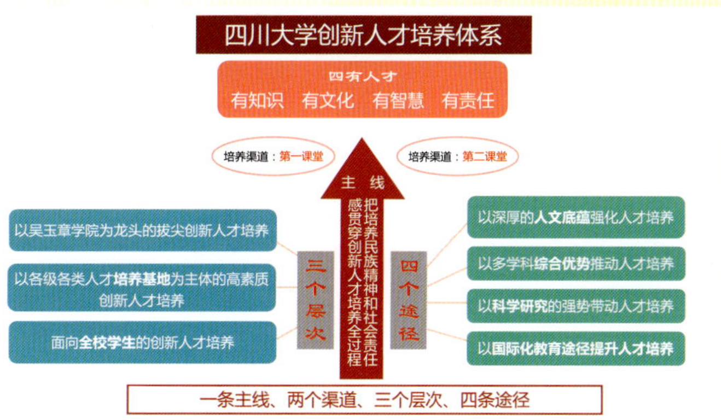

2010年，构建实施体现精英教育、个性化教育、自由全面发展教育的本科“323+X”创新人才培养体系。

“323+X”本科创新人才培养体系		
3	“三大类”创新人才培养	综合创新人才
		拔尖创新人才（含教育部基础学科拔尖学生培养试验计划、卓越人才教育系列培养计划、国家基础科学研究和教学人才培养基地、吴玉章学院等）
		“双特生”（特殊兴趣、特殊专长学生）
2	“两阶段”培养过程	通识教育和专业基础教育阶段
		个性化教育阶段
3	“三大类”课程体系	学术研究型课程体系
		创新创业型课程体系
		实践应用型课程体系
“X”	若干项支撑计划	

2010年实施"433"研究生培养模式

4	瞄准四大类高层次人才	学术型人才、应用型人才、 管理型人才、复合型人才
3	采取"三位一体"培养模式	开放式的专业学习 高水平的科学研究 多样化的特色培养
3	实施"三大培养行动计划"	全过程拔尖创新人才培养计划 全方位研究生教育国际化计划 全新型专业学位教育创新计划

人才培养亮点纷呈

（1）社会主义核心价值观引领人才培养

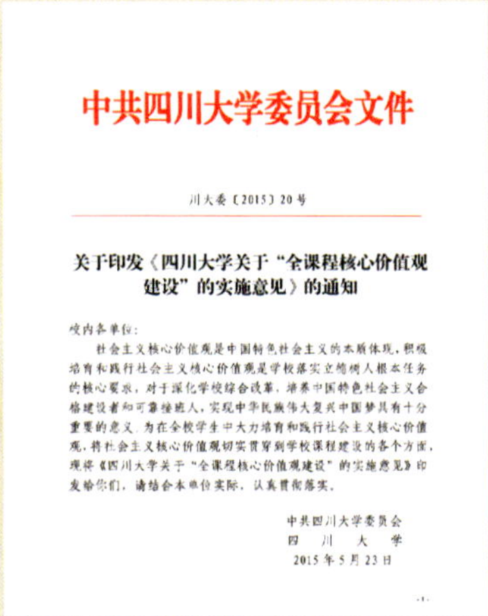

中共四川大学委员会文件

川大委〔2015〕20号

关于印发《四川大学关于"全课程核心价值观建设"的实施意见》的通知

校内各单位：

社会主义核心价值观是中国特色社会主义的本质体现，积极培育和践行社会主义核心价值观是学校落实立德树人根本任务的核心要求，对于深化学校综合改革，培养中国特色社会主义合格建设者和可靠接班人，实现中华民族伟大复兴中国梦具有十分重要的意义。为在全校学生中大力培育和践行社会主义核心价值观，将社会主义核心价值观切实贯穿到学校课程建设的各个方面，现将《四川大学关于"全课程核心价值观建设"的实施意见》印发给你们，请结合本单位实际，认真贯彻落实。

中共四川大学委员会
四　川　大　学
2015年5月23日

-1-

2015年，在全国高校中率先制订全课程核心价值观实施办法，被转发全省宣传和教育系统学习借鉴

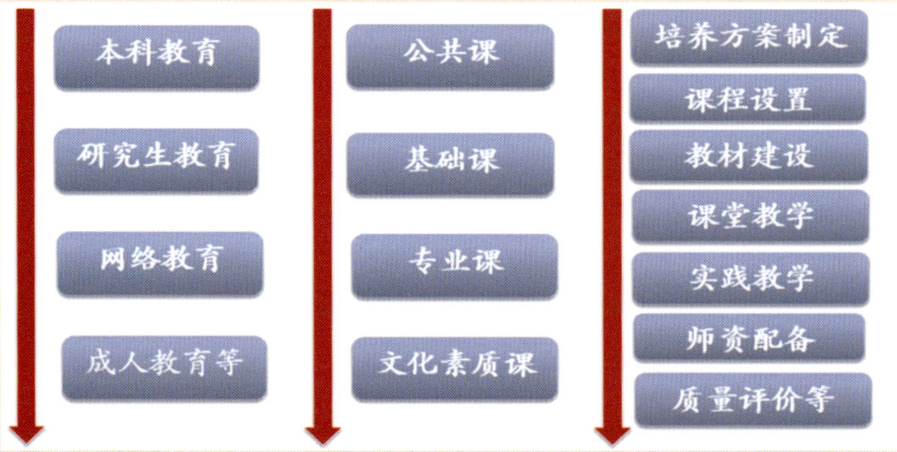

积极探索社会主义核心价值观教育的人才培养层次全覆盖、课程门类全覆盖、运行过程全覆盖

王建国书记主讲"学习新思想　千万师生同上一堂课"

李言荣校长深入本科生思政课堂

学科专业课全方位强化社会主义核心价值观

“行政法”法治精神、依法治国

“基础与前沿研究”科学精神、诚信意识

“可持续城市系统创新”和谐社会、绿色发展

“医患沟通”职业精神、医者仁心

（2）课堂革命推进高阶学习

◆ 实施探究式-小班化课堂教学改革

2010—2019年，按25人编班，小班课程达9000多门次，比例已达70.5%，示范课程128门

◆ 实施非标准答案考试

非标准答案考试试题集

“中华文化”课程非标准答案考试试题

◆ 推行全过程学业评价

评价标准多元化

考核方式多样化

学业考核全程化

考核结果动态化

原则上平时考核次数不低于6次
期末考试占比不超50%

◆ "万门课程"建设计划丰富教学资源

学术研究型课程：5000~6000门；创新创业型课程：2000~3000门；实践应用型课程：1000~2000门。

"中国诗歌艺术"走进云南山区，分享"教育是无门槛的高贵"，受到多家媒体报道

中国大学"慕课"平台四川大学课程

全职外教Jason Chruma教授开设"有机化学"专业课

◆ 打造学术殿堂式智慧教学环境

投入2亿元打造各类智慧教室和"学术殿堂式"公共空间，建设了475间探究式智慧教室、2万余平方米互动交流空间和100余条互动式走廊。

灵活多变的研讨教室

网络互动教室

互动交流空间

（3）以评估认证为抓手，促进专业内涵建设

开展教育部工程教育专业认证及第三方国际评估，截至2019年已通过认证或评估的专业共计21个。

四川大学通过专业认证（评估）一览表

序号	专业名称	认证起始	认证终止	认证组织
1	环境工程	2014.1	2023.12（有条件）	中国工程教育专业认证协会
2	电气工程及其自动化	2018. 1	2023.12（有条件）	中国工程教育专业认证协会
3	测控技术与仪器	2017. 1	2019.12	中国工程教育专业认证协会
4	机械设计制造及其自动化	2017. 1	2019.12	中国工程教育专业认证协会
5	过程装备与控制工程	2017. 1	2019.12	中国工程教育专业认证协会
6	制药工程	2016. 1	2018.12	中国工程教育专业认证协会
7	高分子材料与工程	2015. 1	2023.12（有条件）	中国工程教育专业认证协会
8	计算机科学与技术	2014. 1	2019.12	中国工程教育专业认证协会
9	化学工程与工艺	2013. 1	2018.12	中国工程教育专业认证协会
10	水利水电工程	2013. 1	2018.12	中国工程教育专业认证协会
11	水文与水资源工程	2008.12	2018.12	中国工程教育专业认证协会
12	土木工程	2007.5	2023.5	中国工程教育专业认证协会
13	口腔医学	2014.10	2022.10	教育部高等学校口腔医学类专业教学指导委员会
14	工程造价	2015.6	2019.6	RICS（英国皇家特许测量师学会）
15	给排水科学与工程	2009.5	2019.5	住房城乡建设部高等教育给排水科学与工程专业评估委员会
16	建筑学	2014.5	2018.5	全国高等学校建筑学专业教育评估委员会
17	城乡规划	2015.5	2019.5	住房城乡建设部高等教育城乡规划专业评估委员会
18	临床医学	2018.11	2026.11	教育部临床医学专业认证工作委员会
19	康复治疗学（作业治疗方向）	2014.6	2020.12	世界作业治疗师联盟
20	康复治疗学（物理治疗方向）	2013.4	2022.6	国际物理治疗联盟
21	无机非金属材料工程	2019.1	2024.12	教育部高等教育教学评估中心

（4）促进跨学科交叉合作，培养复合型创新人才

◆ 多方合作建设跨学科交叉专业

开办了数学-经济学、计算-金融学、计算-生物学、文化经营管理、医学信息工程、生物医学工程等跨学院、跨学科交叉专业。

◆ 依托学术大师、高水平科研平台建设交叉创新班

交叉创新班详情表	
领衔人	交叉创新班
魏于全院士	华西生物国重创新班
张兴栋院士	生物材料国家工程中心创新班
谢和平院士	深地与地下水利国重创新班
石碧院士	生物材料科学与工程实验班
梁斌教授	新能源与低碳技术创新班

生物国重创新班2017级开班典礼

张兴栋院士指导生物材料创新班学生开展科研工作

（5）拔尖创新人才培养可圈可点

◆“拔尖计划”培养基础学科领域领军人物

学校入选教育部首批“基础学科拔尖学生培养试验计划”，设立数学、物理、化学、生物、计算机5个“拔尖试验班”。

诺贝尔化学奖获得者、美国西北大学教授James Fraser Stoddart为四川大学拔尖试验班学生授课

2015年9月24日，诺贝尔物理学奖得主丁肇中先生与四川大学物理试验班学生座谈

◆“卓越人才教育计划”培养行业领袖

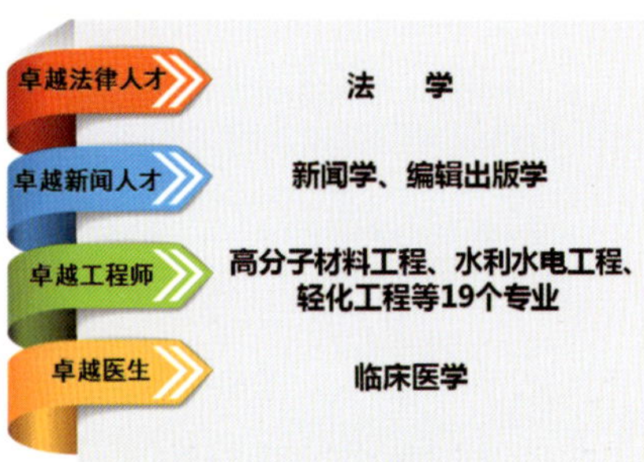

4大类计划、23个试点专业

四川省委宣传部与学校共建新闻学院
（全国10个部校共建新闻学院之一）

行业导师与学校教师共同修订水利水电工程专业人才培养方案

◆ 荣誉学院培育时代精英

2000年，学校创办吴玉章学院，在全国率先实施“拔尖创新人才培养”。此图为吴玉章学院“护航计划”交流现场

“吴玉章学院-牛津大学圣埃德蒙学院”交流会

◆“双特生”计划培养“偏才、怪才”

“双特生”计划首创于2009年，已培养54名双特生。

“双特生”孙诗津参加2017年“全国大学生基因应用创意大赛”全国总决赛，获特等奖一项、优秀奖一项

“双特生”展示自行设计制作的土壤控制器

（6）“双创”教育增强学生创新创业能力

◆“双创”行动计划助推能力提升

(一)创新创业的知识教育 从课程和教师抓起

1. 实施“万门课程计划”，健全创新创业教育课程体系
2. 推广“双导师制”，构筑高端国际化创新创业教育师资队伍

(二)创新创业的能力教育 从课堂抓起

3. 深化“探究式-小班化”课堂教学改革，激发学生创新意识
4. 开展非标准答案考试改革，培养学生独立思考能力

(三)创新创业的品质教育 从素养抓起

5. 深入推进人文教育，培养奉献精神和团队协作能力
6. 全面加强学术诚信和学术道德教育，培养诚信、守法品质
7. 全面实施“社会担当”教育，强化学生责任担当意识

(四)创新创业的实践教育 从平台抓起

8. 科教结合，打造创新创业教育平台
9. 校地共建，打造创新创业国际实践平台
10. 开放汇聚，构建高质量众创空间
11. 建设学术社团，构建个性化创新创业能力培养平台

(五)创新创业教育的政策保障 从管理、激励机制抓起

12. 实施多元学籍管理制度，为“双创”提供机制保障
13. 设立各类创新创业风险基金，吸引全球优秀人才
14. 宣讲-竞赛-表彰-奖励，鼓励学生创新创业

(六)创新创业教育的条件保障 从环境条件建设抓起

15. 建设创新创业大楼，实现众创空间“低成本、便利化、全要素、开放式”
16. 建设智慧教学环境，培植创新思维成长沃土
17. 改建教师休息室，拓展师生互动空间
18. 实施公共空间改造工程，让创新思想处处碰撞出绚丽火花

学校提出并实施18条“双创”教育改革创新举措

从2004年起，学校推行“三进”“三结合”，鼓励学生进课程组、进实验室、进科研团队；鼓励教师教学与科研、课程与课题、研究团队与教学团队相结合，实施“异想天开”探索实践。

学校创建五个大学生“双创”智能化全天候自主实验平台，年均受益学生超过34万人·学时。

人文社科综合大学生“双创”实验平台

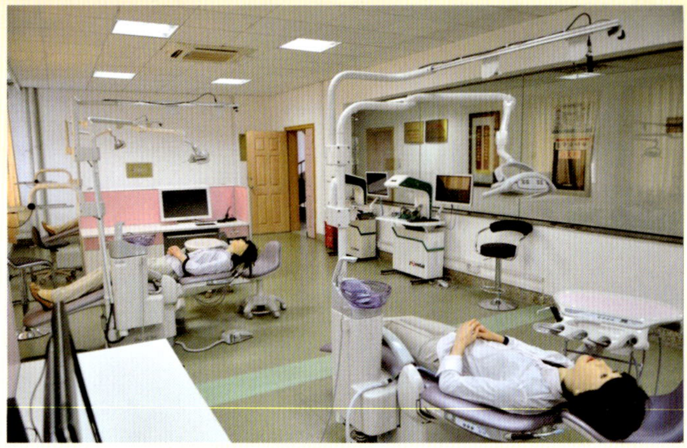

现代医学大学生“双创”实验平台

水电学院学生在水力学与山区河流开发保护国家重点实验室开展“大创”计划

在全国高校中率先推出并精心打造大学生创业操盘实践项目

学校将江安校区商业街改造成学生创新创业能力培育“i创街”，实现学生自我经营、自我管理、自我创业实践。

“i创街”学生创新创业团队分布图

“i创街”街景

◆ 建设学生学术型社团

2012年起，学校建设学生学术型社团，这些社团开展课外创新创业实践活动4300余场/年。

模拟法庭社举行“思辨在江安”模拟法庭大赛

四川大学学术社团颁奖典礼晚会现场

◆ “智造梦工场”提升学生“双创”实践能力

学校搭建了14家主题工坊；成立“青创魔方”，每年带动80余个项目孵化；学生自主成立创业公司18家；每年参与双创活动学生达2.5万余人次。

数字媒体与虚拟现实主题工坊

学生自主创业公司小留科技开展活动

2016年，学校获批成为全国首批4所高校类国家级“双创”示范基地之一，入选全国首批深化创新创业教育改革示范高校及全国高校实践育人创新创业基地。

2016年，李克强总理视察四川大学，寄语四川大学为全国“双创”带头，多出世界一流学科。

各类硕果彰显人才培养成效

四川大学首批入选的各类教育计划及示范项目
教育部“基础学科拔尖学生培养试验计划”（2009年）
教育部“卓越工程师”教育培养计划（2010年）
教育部“卓越医师”教育培养计划（2012年）
教育部“卓越法律人才”教育培养计划（2012年）
四川省“卓越新闻人才”教育培养计划（2013年）
国家级教师教学发展示范中心（2012年）
国家“双创”示范基地（2016年）
全国深化创新创业教育改革示范高校（2017年）

四川大学2000年以来人才培养核心指标

类　别	数　量	类　别	数　量
国家人才培养基地（个）	10	国家级实验教学示范中心（个）	8
国家教学成果奖（项）	37	国家级工程实践教育中心（个）	19
国家精品课程（门）	33	国家级虚拟仿真实验教学中心（个）	3
国家精品资源共享课（门）	31	国家级精品在线开放课程（门）	19
国家精品视频公开课（门）	12	全国百篇优秀博士论文（篇）	24
国家教学名师奖（含国家“万人计划”教学名师）（名）			15

四川大学全国百篇优秀博士论文入选情况一览表

年 份	姓 名	导 师	学科专业	论 文 题 目
2002年	杨西川	王大章	口腔基础医学	抗人血管内皮生长因子单链抗体的构建、表达及活性鉴定
2003年	杨天宏	罗志田	专门史	口岸开放与社会变革：近代中国自开商埠研究
2003年	陈巧鸿	王锋鹏	药物化学	紫杉醇类似物的合成研究/去甲二萜生物碱转化成紫杉烷类化合物中关键反应的研究
2005年	冯 波	张兴栋	生物医学工程	表面氧化钛膜、含钙和含磷的钛表面表征与钛生物活性
2006年	廖学品	石 碧	轻工技术与工程	基于皮胶原纤维的吸附材料制备及吸附特性研究
2006年	张 彦	张志荣	药 学	基于扩散、膨胀和渗透泵机理的定时脉冲给药系统研究
2007年	李伟昉	曹顺庆	比较文学与世界文学	英国哥特小说与中国六朝志怪小说比较研究
2007年	孙大权	陈廷湘	中国近现代史	中国经济学社研究（1923—1953）
2007年	徐晓泉	刘应明	基础数学	完备格的关系表示理论及其应用
2007年	王 存	周总光	外科学	直肠癌系膜区域转移与微转移的研究
2008年	林云锋	田卫东	口腔临床医学	脂肪基质细胞多向分化能力及其在组织工程中应用的研究
2009年	杨克君	曹叔尤	水利工程	复式河槽水流阻力及泥沙输移特性研究
2009年	李征宇	赵 霞	临床医学	人子宫内膜癌比较蛋白质组学研究及癌相关蛋白Cyclophilin A的表达与功能验证
2009年	王 智	陈谦明	口腔医学	口腔黏膜癌变相关分子蛋白组学分析及 RACK1蛋白表达验证和功能研究
2010年	巨晓洁	褚良银	化学工程与技术	温敏及离子响应型智能材料的制备及构效关系研究
2010年	刘 钧	赵志河	口腔医学	压应力对骨髓间充质干细胞成骨分化早期阶段成骨和破骨生成能力的影响
2010年	杨 俊	秦 勇	药 学	(±)-Communesin F 的全合成
2011年	高 莺	胡 静	口腔医学	改善骨质疏松状态下植入体稳定性及骨代谢的实验研究
2011年	付晓玉	张 旭	数 学	分布参数系统能控能观性问题的统一处理
2011年	汪 君	冯小明	化 学	碳氧 (C=O)、碳氮 (C=N) 和碳碳 (C=C) 双键的催化不对称氰基化反应研究
2012年	沈晓静	朱允民	数 学	多传感器分布式检测和估计融合
2012年	吴 昊	石 碧	轻工技术与工程	多酚接枝胶原纤维负载金属纳米催化剂的制备及其催化特性研究
2013年	叶 丰	步 宏	临床医学	HDAC1/2在少突胶质细胞分化发育中的作用和机制研究
2013年	韩 波	陈应春	药 学	手性伯胺催化的不对称碳-碳键构建以及环加成反应研究

注： 2014年后不再评选该奖项。

四川大学国家级教学成果奖获奖情况

序号	获奖等级	项目名称	所属院校	获奖人员	获奖年份
1	国家特等奖	六十五年育才之经验与艺术	四川大学	缪　钺	1989年
2	国家特等奖	大学体育配套改革的成功实践	成都科技大学	沈际洪、沈其谁、李杰文	1989年
3	国家优秀奖	高分子材料学科建设及高层次人才培养	成都科技大学	徐　僖	1989年
4	国家优秀奖	坚持汉语史教学内容、教学方法的更新	四川大学	张永言	1989年
5	国家优秀奖	“光学”课的改革与全面建设	四川大学	郭永康	1989年
6	国家优秀奖	开创我国理工医综合性口腔材料学新学科	华西医科大学	陈治清、雷贤康、刘小青	1989年
7	国家级一等奖	创建临床流行病学科，培养高质量医学人才	华西医科大学	王家良、刘正乐、王觉生、郑素萍、雷秉钧	1993年
8	国家级一等奖	实行教学、科研与社会实践相结合，探索文科教育改革新途径	四川大学	冉昌光、廖君沛、邱沛篁、秦大雕、刘元奎	1993年
9	国家级二等奖	分子和晶体结构折纸模型教学法	成都科技大学	何福诚、李象远、刘　华、刘其则	1993年
10	国家级二等奖	化学试验课综合改革的成功实践	华西医科大学	郑　虎、尤庆祥、吕太平、尹光华、翁玲玲	1993年
11	国家级二等奖	高基点、高标准地培养德才兼备的优秀科技人才	四川大学	刘应明	1993年
12	国家级二等奖	锐意改革再创特色，全面提高“化工原理”课程质量	成都科技大学	马克承、梁玉祥、傅运清、陈明凤、赵秀奇	1993年
13	国家级二等奖	建设产、教、研基地，培养开拓应用型经济管理人才	成都科技大学	刘洪沛、王照临、张铭让、蒋维祺、李国英	1993年
14	国家级一等奖	《田野考古实践》课程改革与承担三峡工程考古发掘的成功结合	四川联合大学	马继贤、高大伦、李永宪、李映福、白　彬	1997年
15	国家级二等奖	建设国家数学人才培养基地推进基础学科教学改革	四川联合大学	刘应明、熊华鑫、白苏华、钟淑琳、韩　泽	1997年
16	国家级二等奖	解剖学教材	华西医科大学	王永贵、马维义、张炳常、邝国璧、邱治民	1997年
17	国家级二等奖	创建口腔生物力学学科培养高质量口腔医学人才	华西医科大学	陈新民、赵云凤、巢永烈、鲜苏琴、高　宁	1997年
18	国家级二等奖	开创密切社会联系新思路探索培养新闻人才新模式	四川联合大学	邱沛篁、吴信训、曾繁铭、吴　建、向纯武	1997年
19	国家级二等奖	东方文论选	四川大学，北京大学	曹顺庆、季羡林	2001年
20	国家级二等奖	法学专业（本科生）实习改革研究与实践	四川大学	李　平、古立峰、姜　华、李　旭、王建军	2001年
21	国家级二等奖	在新型综合大学多学科氛围中培养高素质创新人才的研究与实践	四川大学	肖定全、龙　伟、熊　瑜、马继刚、张鲜元	2001年
22	国家级二等奖	临床医学本科教育课程改革	四川大学	周同甫、张肇达、欧阳钦、刘文秀、刘琬珍等	2001年
23	国家级一等奖	“全球医学教育最基本要求”的研究与实施	四川大学	万学红、张肇达、李甘地、周同甫、邓　洪	2005年
24	国家级二等奖	比较文学学科建设与双语人才培养	四川大学	曹顺庆、刘　颖、阎　嘉、王晓路、冯　川	2005年
25	国家级二等奖	计算机辅助英语教学系统	四川大学	邓　刚、黎　宏、宋庆华、杨　光、阎　艳	2005年
26	国家级二等奖	数学类学生数学应用能力和创新意识培养的研究与实践	四川大学	刘应明、王宝富、马继刚、梁基华、李清朗	2005年

27	国家级二等奖	法医物证学教学课程改革	四川大学	侯一平、李英碧、吴　谨、张　霁、黄飞骏	2005年
28	国家级二等奖	转变观念，结合临床，病理学教学改革的尝试	四川大学	李甘地、杨光华、周　桥、刘卫平、步　宏	2005年
29	国家级二等奖	高素质口腔医学创新人才培养模式的构建与实践	四川大学	石　冰、周学东、柳　茜、巢永烈、唐　洁	2005年
30	国家级二等奖	国际合作培养创新人才的研究与实践	四川大学	马继刚、晏世经、刘　黎、陈　兵、李天燕	2005年
31	国家级二等奖	生命科学本科实验教学创新体系的建立和实践	四川大学，复旦大学，南京大学	陈　放、乔守怡、陈建群、陈小麟、刘　兢	2005年
32	国家级二等奖	比较文学教学团队建设与创新人才培养	四川大学	曹顺庆、徐新建、王晓路、傅其林、梁　昭	2009年
33	国家级二等奖	多路径外语学习与综合素质培养相结合的创新人才培养模式教学改革	四川大学	石　坚、任　文、李　兵、杨利军、冒　兮	2009年
34	国家级二等奖	西部高校数学教师创新能力的培养	四川大学	刘应明、王宝富、彭联刚、胡　兵、张伟年	2009年
35	国家级二等奖	研究型大学本科人才培养模式的改革与实践	四川大学	孙卫国、马继刚、张红伟、冉桂琼、赵　莉、廖林川、曾益峰	2009年
36	国家级二等奖	培养口腔医学生自主学习和创新能力平台的建设	四川大学	周学东、石　冰、陈谦明、赵志河、于海洋、李继遥、叶　玲、郑　谦、李晓箐、王　虎、陈　宇、肖丽英、万乾炳、赖文莉、王　杭	2009年
37	国家级二等奖	法医学全国规划教材建设（教材）	四川大学，复旦大学，中国医科大学，华中科技大学，西安交通大学	侯一平、赵子琴、王保捷、廖林川、黄光照、贺浪冲、秦启生、刘协和、丁　梅	2009年
38	国家级二等奖	以“胜任力为导向、整合为策略”的医学人才培养战略研究与实践	四川大学	万学红、石应康、卿　平、李　立、卢　铀、李幼平、汪晓东、陈　进、徐　泳、夏　天	2014年
39	国家级二等奖	研究型综合大学经济类拔尖创新人才国际化培养探索与实践	四川大学	张红伟、龚勤林、蒋　瑛、杨　艳、涂　刚、张　衔、肖慈方、于　璐、谢　蓓、刘用明	2014年
40	国家级二等奖	全面发展的精英教育：四川大学本科创新人才培养的探索与实践	四川大学	谢和平、步　宏、张红伟、李中锋、冉桂琼、兰利琼、陈　薇、赵昱辉、张同修、张　怡	2014年
41	国家级二等奖	国家级生物科学实验教学示范中心实验教学模式创新的探索	四川大学	林宏辉、李　虹、邹方东、解丽芳、王海燕、赵　琦、王茂林、唐　琳、席德慧、郭亦然	2014年
42	国家级二等奖	以胜任力为导向，构建口腔医学本科精英人才培养新模式	四川大学	于海洋、陈谦明、叶　玲、张凌琳、赵志河、胡　涛、李晓箐、袁　泉、李　伟、周学东	2014年
43	国家级特等奖	以课堂教学改革为突破口的一流本科教育川大实践	四川大学	谢和平、步　宏、张红伟、李中锋、冉桂琼、周　琳、杨　军、冉　蓉、胡　娜、夏建钢	2018年
44	国家级二等奖	管理类本科“全程多维递进”创新创业人才培养工程的建设与实践	四川大学	徐玖平、李晓峰、米德超、李小平、黄　勇、杨永忠、卢　毅、左仁淑、胡知能、王　涛	2018年

注：以上仅统计四川大学作为第一完成单位所获奖项。国家级教学成果奖奖项设置：1989年第一届为特等奖和优秀奖，全国共计评出特等奖52项、优秀奖381项；1993年第二届起，奖项设置改为特等奖、一等奖、二等奖，全国共计评出特等奖4项、一等奖51项、二等奖312项；自2001年第四届起，国家级教学成果奖特等奖每届只评选2项。

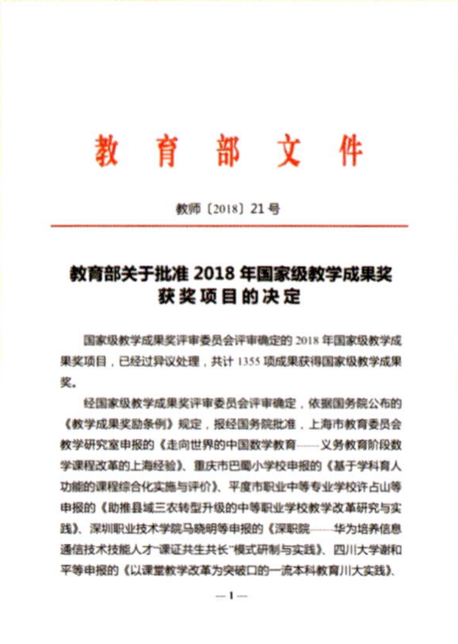

教 育 部 文 件

教师〔2018〕21号

教育部关于批准2018年国家级教学成果奖获奖项目的决定

国家级教学成果奖评审委员会评审确定的2018年国家级教学成果奖项目，已经过异议处理，共计1355项成果获得国家级教学成果奖。

经国家级教学成果奖评审委员会评审确定，依据国务院公布的《教学成果奖励条例》规定，报经国务院批准，上海市教育委员会教学研究室申报的《走向世界的中国数学教育——义务教育阶段数学课程改革的上海经验》、重庆市巴蜀小学校申报的《基于学科育人功能的课程综合化实施与评价》、平度市职业中等专业学校许占山等申报的《助推县域三农转型升级的中等职业学校教学改革研究与实践》、深圳职业技术学院马晓明等申报的《深职院——华为培养信息通信技术技能人才"课证共生共长"模式研制与实践》、四川大学谢和平等申报的《以课堂教学改革为突破口的一流本科教育川大实践》、

— 1 —

2018年，谢和平院士牵头的“以课堂教学改革为突破口的一流本科教育川大实践”荣获国家级教学成果特等奖，成为学校自国家级教学成果奖评奖方式改革后的首个特等奖，实现西南高校特等奖零的突破

近6年来，共有7.6万多人次学生参加各类创新创业竞赛，1.2万余人次学生在国际国内各类竞赛中获奖，累计获得省级以上奖项6200余项，其中国际奖243项，全国特等奖146项、一等奖282项。

2015—2019年，川大学子在五届中国“互联网+”大学生创新创业大赛中勇夺12金9银1铜奖牌，金牌总数位列全国第三

先后有7名四川大学学生荣获“中国青少年科技创新奖”，2个四川大学学生团队荣获“小平科技创新团队”称号

川大学子在近四届“创青春”全国大学生创业大赛中获金奖6项

在近四届“挑战杯”全国大学生课外学术科技作品竞赛中，川大学子累计获特等奖1项、一等奖2项、二等奖6项、三等奖16项

◀ 川大学子自2012—2017年连续六届荣获全国大学生化工设计竞赛特等奖

▶ 2006年，学校学生郑洁和晏紫连获澳大利亚网球公开赛和温布尔登网球公开赛冠军

四川大学MBA代表队在第20届国际企业管理挑战赛(Global Management Challenge)中勇夺全球总冠军

勇夺2014年微软“创新杯”Office应用挑战赛全球冠军的iGeek Studio团队

学生团队获得2017年国际遗传工程机器设计大赛（iGEM）双金

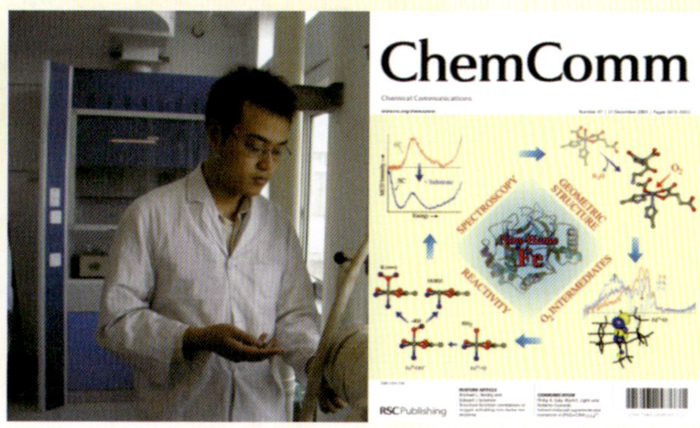

近6年来，学校本科生共发表SCI、EI 或核心期刊论文1000余篇，申请通过专利200多个

2018年6月，改革开放40年来首次召开的新时代全国高等学校本科教育工作会议在我校成功举行，凸显四川大学本科教育示范效应。会上发布了四川大学牵头起草并与兄弟高校形成共识的《一流本科教育宣言（成都宣言）》

2019年4月18日，学校召开了新时代本科教育改革与发展大讨论工作部署会，围绕“立德树人，深化改革，面向未来推动四川大学本科教育升级再出发”主题，集思广益，推动学校本科教育再上新台阶

新中国成立以来
四川大学毕业生中的院士

王方定
中国科学院学部委员
1953年毕业于化工系（本科）

李吉均
中国科学院学部委员
1952年考入地理系（本科）

段镇基
中国工程院院士
1955年毕业于皮革专业（本科）

沈德忠
中国工程院院士
1964年毕业于物理系（本科）

高世扬
中国科学院院士
1953年毕业于化学系（本科）

曹文宣
中国科学院院士
1955年毕业于生物系（本科）

周开达
中国工程院院士
1956年考入农学院（本科）

傅依备
中国工程院院士
1953年毕业于化工学院（本科）

赵尔宓
中国科学院院士
1951年毕业于生物系（本科）

邱蔚六
中国工程院院士
1955年毕业于口腔专业（本科）

郑树森
中国工程院院士
1989年毕业于外科学专业（博士）

荣廷昭
中国工程院院士
1953年考入农学系（本科）

彭堃墀
中国科学院院士
1961年毕业于物理系（本科）

魏于全
中国科学院院士
1983年毕业于医学专业（本科）
1986年毕业于病理解剖学专业（硕士）

张兴栋
中国工程院院士
1960年毕业于物理系（本科）

石碧
中国工程院院士
1982年毕业于制革专业（本科）
1986年毕业于制革专业（硕士）
1991年毕业于制革与鞣料专业（博士）

瞿金平
中国工程院院士
1999年毕业于材料学专业（博士）

陈永川
中国科学院院士
1984年毕业于计算机软件专业（本科）
1987年毕业于应用数学专业（硕士）

陈芬儿
中国工程院院士
1988年毕业于药物化学专业（硕士）
1999年毕业于化学工程与技术专业（博士）

王玉忠
中国工程院院士
1994年毕业于化学纤维专业（博士）

江　松
中国科学院院士
1982年毕业于数学系（本科）

向　巧
中国工程院院士
2003年毕业于行政管理专业（硕士）

王琪
中国工程院院士
1982年毕业于化学纤维专业（本科）
1984年毕业于高分子材料专业（硕士）
1989年毕业于高分子材料专业（博士）

赵宇亮
中国科学院院士
1985年毕业于放射化学专业（本科）

周志成
中国工程院院士
1984年毕业于工程力学专业（本科）

蔡荣根
中国科学院院士
1987年毕业于理论物理专业（硕士）

陆　林
中国科学院院士
1996年毕业于精神病学专业（硕士）
1999年毕业于精神病学与精神卫生学专业（博士）

蒙大桥
中国科学院院士
1980年毕业于放射化学专业（本科）

赵红卫
中国科学院院士
1988年毕业于应用物理专业（本科）

宋永华
英国皇家工程院院士
1984年毕业于电力系统工程专业（本科）

第四章

学术为基　创新为魂
——科学研究

科研水平和科技创新能力是大学核心竞争力的重要体现。新中国成立七十周年来，四川大学充分发挥学科齐全、规模较大、重点学科多的优势，面向世界科技前沿、国民经济建设主战场、国家重大战略需求和人类发展进步方向，按照“突出重点、交叉融合、协同创新”的科研发展思路，深化科研体制改革，提升科技创新能力，形成了若干个引领世界前沿的顶尖学科方向，产生了一批具有重大科学意义或应用价值的原创性、颠覆性成果，建成了若干个具有国际影响力和川大特色的学术流派，形成了优越的学术竞争力、科技创造力和思想影响力，为建设创新型国家和科技强国提供源头引领和服务支撑。

1953年，四川大学科学研究委员会成立。1956年12月，教务处科学研究科独立为科学研究部。1955年，四川大学承担各类科研项目249项。四川医学院提出研究题目116个，参加研究工作的教师占全校教师总数的52%。1958年9月，成都工学院取得一般水平以上的科研成果190项，技术革新和生产品种共599项。

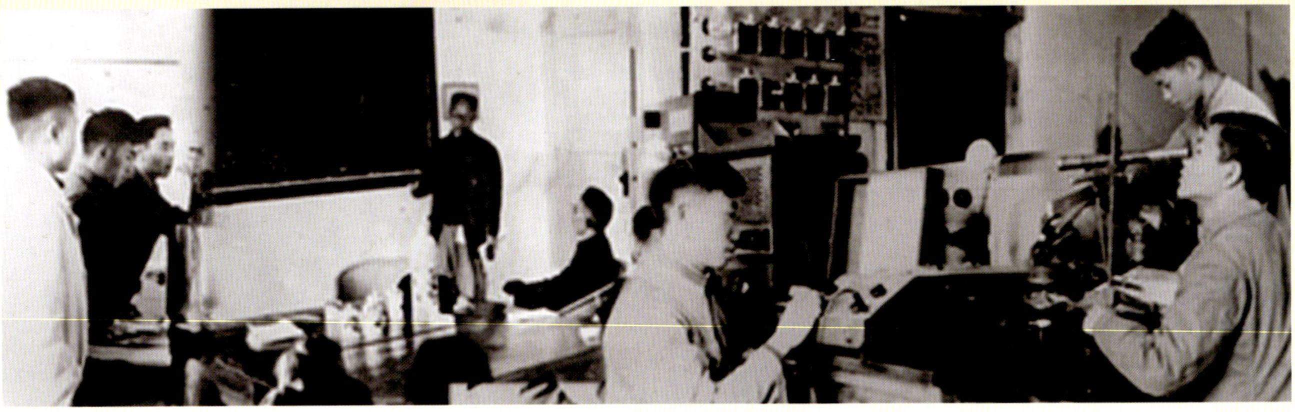

20世纪50年代，四川大学师生开展科学研究

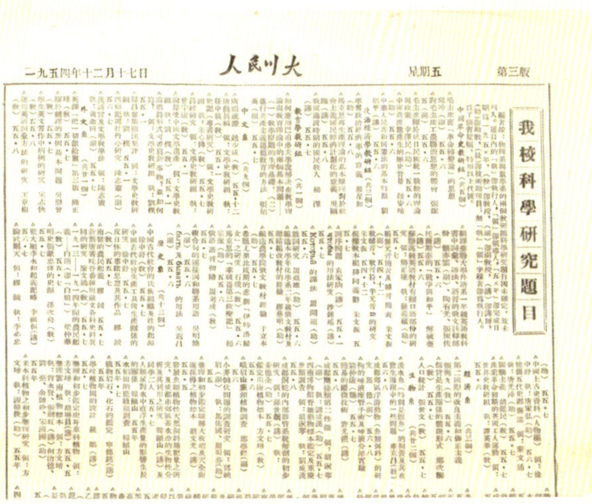

一九五四年十二月十七日　人民川大　星期五　第三版

我校科學研究題目

1954年，四川大学科研项目

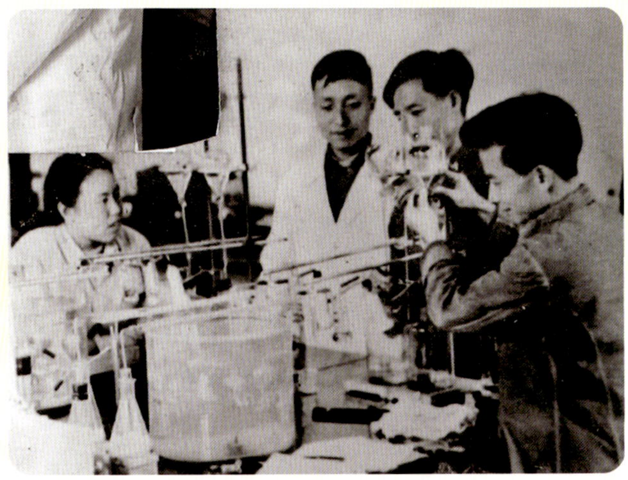

化学系教师进行络合物化学、水盐体系研究

1955年2月，四川医学院附属医院设立针灸科，并在内科病房设中医研究病床5张；1957年，四川医学院开设中医学课程，中医研究病床增至20张。

中西医结合治疗

中药研究

自1956年机械系师生合作首建电火花加工科研小组后，成都工学院陆续建起24个学生科研小组，参加人数达114人，研究项目有“双筒式油印机设计”等，共计38个。

师生合作进行科研

1956年3月，四川医学院举行了为期5天的第一次科学讨论会

学生参加科学研究

“四川医学院第一次科学研究工作展览会”召开

20世纪50年代重要科研成果：1952年，杜顺德教授在我国首先发现并报道了蚕豆病。1956年，成都工学院与校外61个单位建立了协作关系，有力地推动了科学研究工作的开展：皮革教研组的“青杠碗子、姜头等国产植物丹宁的分析与提取”研究成果，解决了皮革工厂的底革速鞣问题，与一般鞣法相比，可以缩短一半以上的时间；塑料工学教研组研制的“五棓子塑料黏合剂”，经中央林业科研所检验，优于一般所用的酪素胶和血胶；无机物工学专业与四川磷矿合作进行磷肥的研究，为以后我国磷肥发展连续取得重大成果奠定了良好的基础。

张铨教授研究植物丹宁的分析与提取

塑料专业师生开展科学研究

四川医学院理科教研组成员荣获“‘破除迷信解放思想’卫生医技术革命先锋”奖状

1964年，四川医学院上报新中国成立15年以来的重大科学研究和经验交流题目184个。治疗钩虫病新药的合成、黄连复方的抗菌成分分析、肿瘤、龋病和牙周病的防治、中西医结合治疗再生障碍性贫血等成果，达到了国内先进水平。

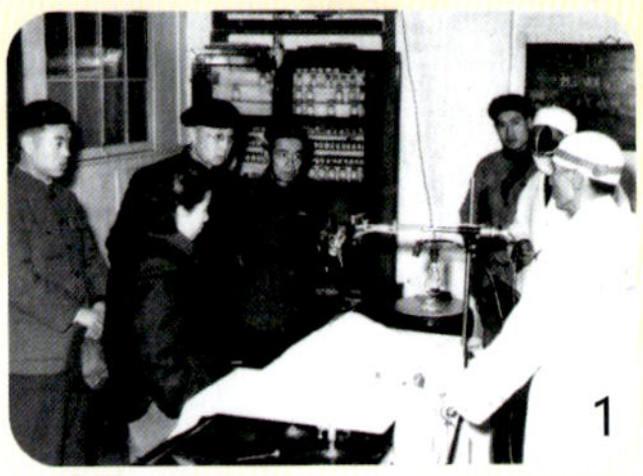

◀ 1960年，我国第一例内耳开窗手术获得成功

▶ 1964年，新中国成立后四川大学第一个专门社科科研机构南亚研究所（印度研究室）获国家批准成立。图为1994年南亚研究所庆祝三十周年会场

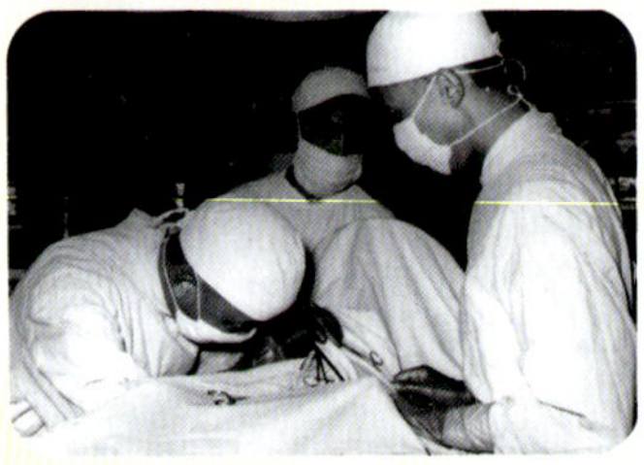

◀ 1962年，四川医学院在西南地区首先开展了体外循环下的心脏直视手术

1971年7月20日，教育部、第二机械工业部、国防科工委联合筹建原子核科学技术研究所（七二〇所），该所于1980年在四川大学正式建立，这是20世纪70年代四川大学科研发展的象征。

1.七二〇所大楼

2.七二〇所各类加速器

3.七二〇所研制的SDH系列荧光分析与成分配料自动控制系统

1973年，成都工学院有112项成果入选《成都科技成果选编（1966—1972）》。在1978年举行的全国科学大会上，四川大学有16个科研项目获奖，成都工学院有13个科研项目获奖。

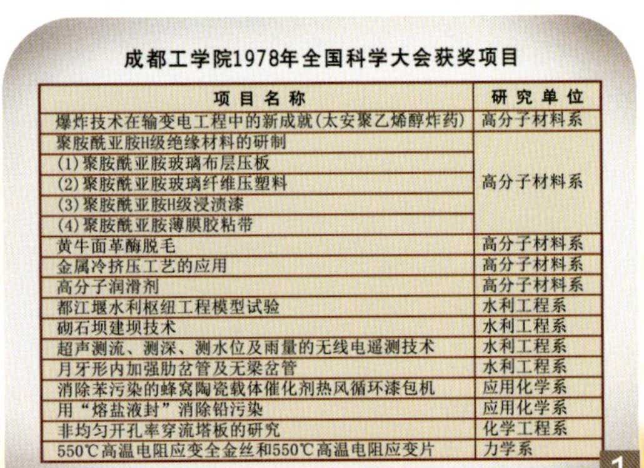

成都工学院1978年全国科学大会获奖项目

项目名称	研究单位
爆炸技术在输变电工程中的新成就(太安聚乙烯醇炸药)	高分子材料系
聚胺酰亚胺H级绝缘材料的研制	高分子材料系
(1)聚胺酰亚胺玻璃布层压板	
(2)聚胺酰亚胺玻璃纤维压塑料	
(3)聚胺酰亚胺H级浸渍漆	
(4)聚胺酰亚胺薄膜胶粘带	
黄牛面革酶脱毛	高分子材料系
金属冷挤压工艺的应用	高分子材料系
高分子润滑剂	高分子材料系
都江堰水利枢纽工程模型试验	水利工程系
砌石坝建坝技术	水利工程系
超声测流、测深、测水位及雨量的无线电遥测技术	水利工程系
月牙形内加强肋岔管及无梁岔管	水利工程系
消除苯污染的蜂窝陶瓷载体催化剂热风循环漆包机	应用化学系
用“熔盐液封”消除铅污染	应用化学系
非均匀开孔率穿流塔板的研究	化学工程系
550℃高温电阻应变全金丝和550℃高温电阻应变片	力学系

1.成都工学院1978年全国科学大会获奖项目

2.“四川医学院第五届学术讨论会”召开

20世纪80年代，成都科技大学与部委和省市实行多渠道联合办学，积极争取项目和经费，并对国家教委下拨的科研经费管理和科研编制的分配办法进行了改革。

1984年，成都科技大学党委书记韩邦彦做管理体制改革动员

为适应经济建设发展对专业人才的需求，成都科技大学与部委和省市实行多渠道联合办学，共建成立了一系列学院。

1985年11月，成都科技大学与水电部联合成立水电学院

1987年5月，成都科技大学与纺织部联合建立纺织工学院

1987年4月，成都科技大学与轻工部联合成立轻工业学院

1988年11月，成都科技大学与省、市、地联合建立城建环保学院

经过全校师生的共同努力，1987年成都科技大学的科研总经费从上一年的715万元增加到1070万元，其中国家教委下拨的经费仅占14%。《中国科学报》专文评述："要吃百家饭，才能壮身骨。这是成都科技大学从'贫困户'变成'千万户'的诀窍。"

1

2

3

1.1988年，学校首个国家重点实验室——高速水力学实验室挂牌成立
2.1989年11月27日，中国医学科学院华西分院成立
3.1997年筹建并于2001年正式成立的中国循证医学中心，是亚洲第一个循证医学中心（全世界共13个）

1978—2000年，学校科研核心指标大幅提升

◆原四川大学：

1978—1994年自然科学研究项目与经费情况

年份＼项目	项目（项）		年经费（万元）
	合计	其中：国家级	
1978	104		185
1981	103		227
1984	176		299
1986	256	14	426
1988	326	78	759
1990	431	88	1030
1991	513	84	1560
1992	504	103	1837
1993	464	140	2083
1994	592	120	2367
总计	4666	779	12839

1978—1993年自然科学研究获奖情况

单位：项

奖项	合计	一等	二等	三等	四等
1978年全国科学大会奖	16				
国家自然科学奖	6	2		2	2
国家科技进步奖	4		2	2	
国家发明奖	7		2	3	2
四川省科技大会奖	6				
四川省科技进步奖	322	17	89	187	29
国际发明奖	3	1	1	1	
总计	366	20	94	195	33

1979—1994年获国家级、省部级社会科学优秀成果奖情况

单位：项

届别＼项目	时间	数量		等级				
		数量	占全省%	荣誉奖	一等	二等	三等	四等
国家教委首届人文科学社会科学优秀成果奖	1979-1993			1		9		
四川省首届哲学社会科学优秀成果奖	1978-1983	110	14%	3	5	27	45	31
四川省第二届哲学社会科学优秀成果奖	1984-1985	32	21%	4	4	3	23	
四川省第三届哲学社会科学优秀成果奖	1986-1987	30	15%	2	2	6	21	
四川省第四届哲学社会科学优秀成果奖	1988-1989	29	17%	4	1	3	20	
四川省第五届哲学社会科学优秀成果奖	1990-1991	32	16%	1	2	7	23	
四川省第六届哲学社会科学优秀成果奖	1992-1993	37	18%	1	2	5	29	
总计	1978-1993	270		15	12	51	160	31

1995年，获全国首届高校人文社科优秀成果奖教师合影

◆原成都科技大学：

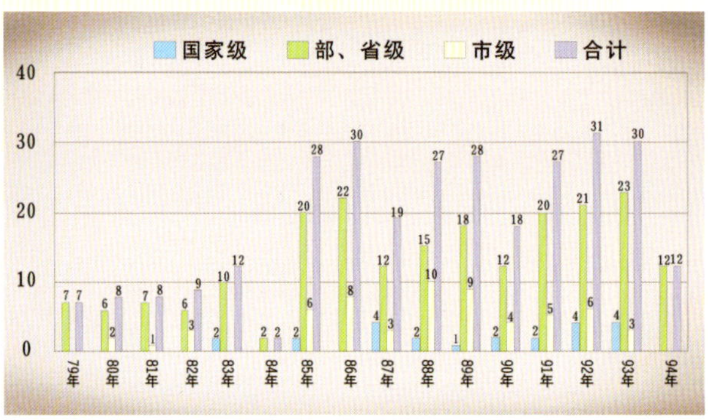

1979—1994年成都科技大学科研成果获奖统计

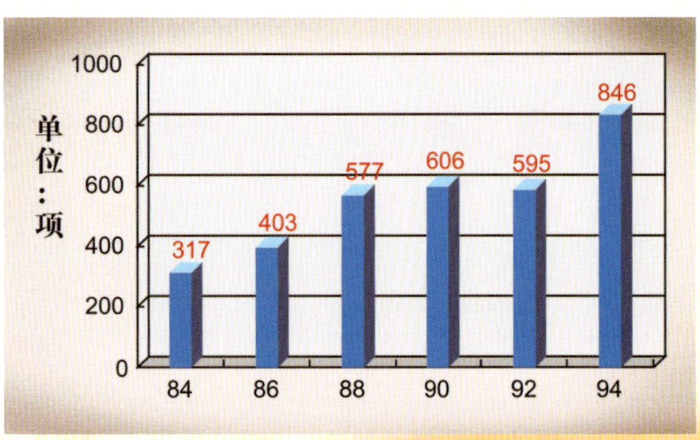

1984—1994年成都科技大学科研项目增长示意图

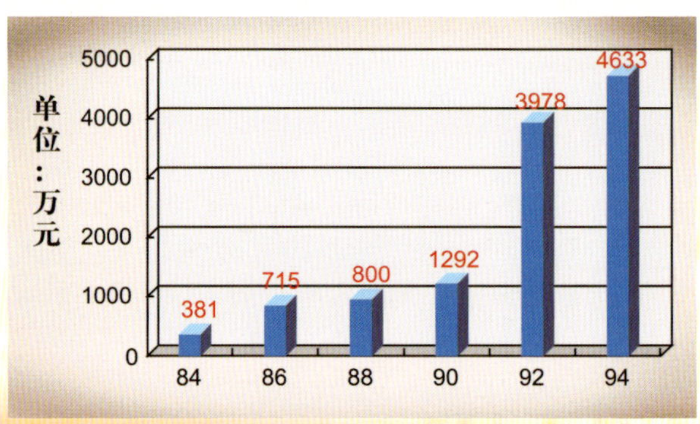

1984—1994年成都科技大学科研经费增长示意图

◆ 原四川联合大学：

1994年与2000年科研情况对比					
项目 年度	科研经费 (万元)	出版著作 (部)	发表论文 (篇)	部、省以上奖项 (项)	被三大检索系统 录用论文(篇)
1994	2421.61	123	597	13	133
2000	12924. 99	147	3969	56	303

注：1999年，学校科研经费首次突破1亿元。

1996—2000年四川联合大学获省部级以上科研成果奖情况					
奖励等级 类别	一等（项）	二等（项）	三等（项）	四等（项）	合计（项）
国家发明奖	—	1	1	2	4
国家科技进步奖	2	6	5	—	13
教育部科技进步奖	—	—	—	—	23
中央各部、委及部省级科技进步奖	10	17	15	—	42
四川省科技进步奖	9	20	35	—	64

◆ 原华西医科大学：

1986—2000年华西医科大学各类科研项目数与科研经费数								
年份 项目名称	1986	1987	1988	1989	1990	1991	1992	1993
国家自然科学基金项目数（项）/经费数（万元）	21/57	21/56	30/86	26/74	36/107	20/72	21/101	19/145. 5
部省基金项目数（项）/经费数（万元）	31/97	25/25	43/123	13/15	43/52	31/118	49/57	10/12. 7
其他项目数（项）/经费数（万元）	54/176	58/118	38/40	41/34	47/36	47/154	55/66	59/55. 5

年份 项目名称	1994	1995	1996	1997	1998	1999	2000
国家自然科学基金项目数（项）/经费数（万元）	28/224	26/204	40/383	46/628	31/411	32/517	24/479. 5
部省基金项目数（项）/经费数（万元）	69/119	18/50	113/181. 6	29/88	135/251. 1	69/136	142/187
其他项目数（项）/经费数（万元）	29/33	57/39	52/280	133/487	42/58	40/715	28/730

1986—1999年华西医科大学科研成果获奖数

项目级别	1986	1987	1988	1989	1990	1991	1992	1993	1994	1995	1996	1997	1998	1999
国家级（项）	0	3	1	0	1	1	2	0	0	1	0	1	2	1
部委级（项）	4	2	1	2	3	6	3	5	4	3	12	6	7	3
省级（项）	13	7	9	9	18	18	18	22	16	16	17	12	6	18

1990—2000年华西医科大学出版专著和发表学术论文数

年 份		1990	1991	1992	1993	1994	1995	1996	1997	1998	1999	2000
专著（部）		21	—	17	18	24	8	13	20	20	32	75
学术论文	国际性期刊（篇）	64	—	53	57	51	67	39	38	30	37	37
	全国性期刊（篇）	411	—	433	463	621	699	495	731	956	1436	1192
	地方性期刊（篇）	610	—	449	418	387	250	564	433	222	159	257

1980—2000年部分重要科研成果

鄢国森、古正教授参与的“配位场理论研究”获1982年国家自然科学一等奖

方文培教授等编写的《高等植物图鉴》获1987年国家自然科学一等奖

钟本和、王建华教授发明的“二水法磷酸-中和料浆浓缩法制磷铵新工艺”获1988年国家科技进步一等奖

1984年，曾宏教授的《化学过程大规模系统评价模式》在欧洲大系统实时控制学术会议上被评为优秀论文，曾宏教授当年被英国皇家学会接纳为会员，并授予“化学家”称号

1987年，曹钟樑、戴保民教授承担的国家自然科学基金资助项目“钩端螺旋体研究”达到国内外先进水平，引起国外同行的关注

20世纪80年代，杨家源教授同美国密西根州立大学人工语言实验室主任约翰·尤伦博格合作，成功研制了世界上第一台能讲汉语的微型计算机。图为模式识别研究室教师正在进行计算机汉语语音合成

20世纪80年代，刘世贵教授主持的“茶毛虫核型多角体病毒应用研究”“草原毛虫病原微生物基础及应用研究”先后获国家教委科技进步奖二等奖，四川省科技进步奖一、二等奖，其技术成果创造了巨大的经济效益

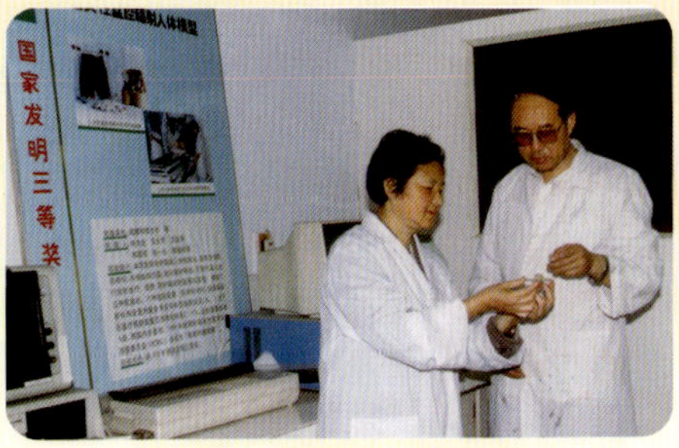

林大全、郑昌琼教授发明的“中国女性盆腔辐照人体模型”获1989年第四届全国发明展览金牌奖、1991年国家发明三等奖

1990年，李安民教授解决了仿射微分几何中的一个重大问题——关于仿射球的卡拉比猜测，接着出版了《整体仿射微分几何》

苏显渝教授等在世界上首次提出基于调制度分析的复杂三维面形测量等几种三维传感新方法；研制成功国内首台鞋楦面形自动测量系统；他与郭履容教授建立了我国第一台井底模式探测与分析系统；1991年，苏显渝教授担任国际生命科学中光学学会第一任主席

1982—1993年间，缪竞威教授团队研制出了国内唯一的、具有国际先进水平的高分辨多功能原子碰撞装置，其研究成果于1993年被选为“国家自然科学基金数理学科十年优秀成果展示报告会”的9个大会报告之一

赵华明教授团队是国内最早开展环糊精仿酶研究的团队之一

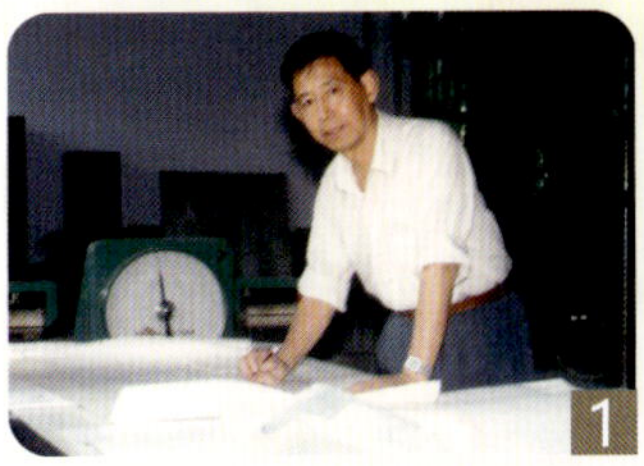

1. 范景伟教授的“高坝坝基岩体稳定性评价及可利用岩体质量研究”1992年获国家科技进步一等奖
2. 刘浩吾教授的“土质防渗体高土石坝研究”1993年获国家科技进步一等奖
3. 何先琪、石碧教授的“橡碗栲胶分子降解-金属络合制造鞣剂”1993年获国家发明二等奖

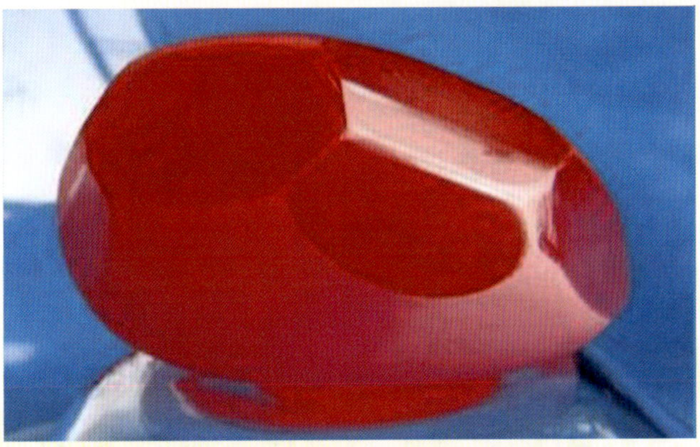

陈观雄、李正辉、朱世富教授等的“碘化汞单晶体的制备”，获1993年国家发明二等奖，使我国成为世界上第二个成功生长出较大尺寸碘化汞单晶体的国家

1996年，江璐霞教授的“聚醚砜、聚醚、醚酮、双马型聚酰亚胺等类树脂专用料及其加工技术”获得国家“八五”科技攻关重大科技成果奖

“七五”“八五”计划期间，肖定全教授团队建成了世界上最早、全国唯一的多离子反应溅射装置，在国际上首次利用多离子束反应共溅射技术（MIBRECS）在不同衬底上制备出外延或高度择优取向的PbTiO3、PLT铁电薄膜

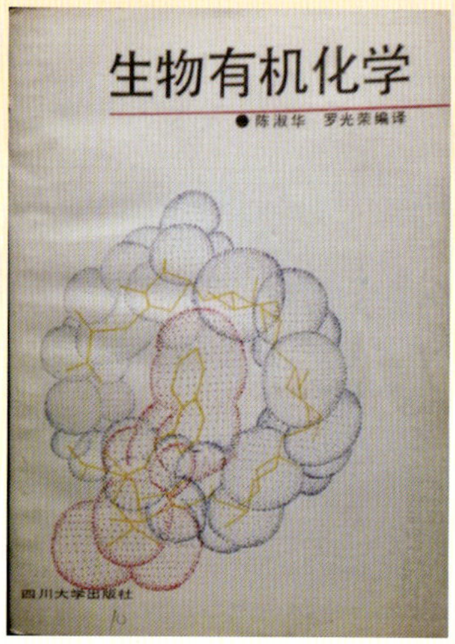

陈淑华教授等首先开展了甾体-金属卟啉和杯芳烃-金属卟啉仿酶这一新领域的研究，1991年编写出版了我国第一本《生物有机化学》专著

1990年，隗瀛涛教授主编的《近代重庆城市史》出版，为城市史研究独辟蹊径

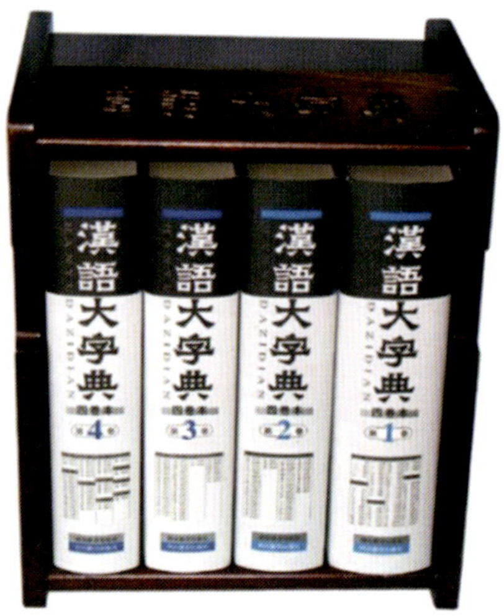

徐中舒教授主编的《甲骨文字典》将20世纪的甲骨学提高到了一个新水平；其主编的《汉语大字典》是世界上规模最大、收集汉字单字最多、释义最全的一部汉语字典

蒙文通教授遗著《越史丛考》在四川省首次哲学社会科学研究成果评奖中获一等奖，其出版标志着我国古代史研究达到了一个新的水平。图为蒙文通教授向历史系同学做学术报告

医疗技术

- 1978年，泌尿外科在西南地区首次进行异体肾移植。
- 1980年，口腔颌面外科在国内率先开展羟基磷灰石人工骨的研制；1986年，在国内首先应用羟基磷灰石人工骨整复口腔颌面部缺损，取得了良好的效果。
- 1991年，血液科开展首例自体骨髓移植治疗白血病。
- 1997年，经过以李尚为教授为首的科研人员的努力，首例试管婴儿临床妊娠成功。
- 1999年，西南地区首例绝经妇女的赠卵试管婴儿临床妊娠成功，并于2000年2月8日成功分娩。

2000年以来，学校通过实施“科技创新能力提升计划”“人文社科发展行动计划”“哲学社会科学繁荣计划（2011—2020）”，坚持面向国家重大战略需求和世界科技前沿，打造高水平研究基地平台，鼓励理工医科“拿大项目、获大奖、出大师”，鼓励文科“出流派、出名著、出大师”，有力推动了科研工作的跨越发展，全面提升了学校的自主创新能力。

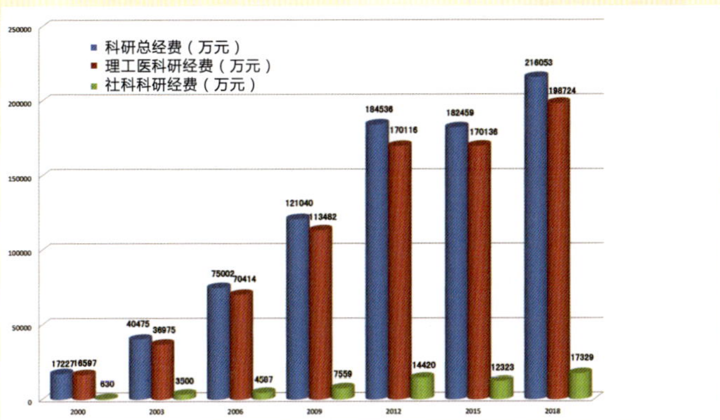

四川大学2000年以来科研经费发展图

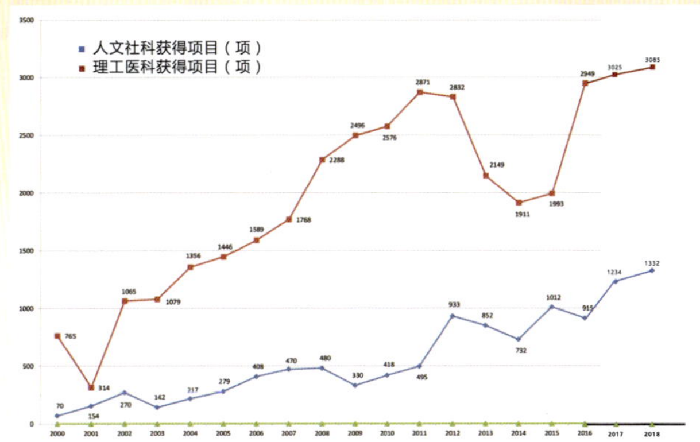

四川大学2000年以来获得科研项目发展图

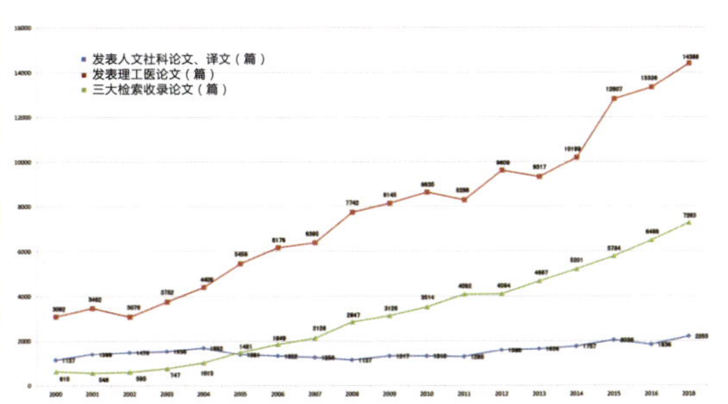

四川大学2000年以来发表科研论文一览图

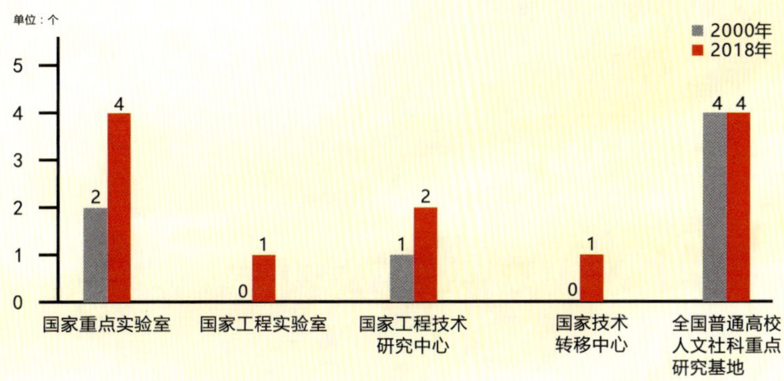

四川大学2000年与2018年科研基地对比图

科研基地

- 国家“2011计划”协同创新中心：生物治疗协同创新中心
- 国家重大科技基础设施：生物治疗转化医学国家重大科技基础设施
- 教育部前沿科学中心：疾病分子网络前沿科学中心
- 省部共建“2011协同创新中心”：环境与火安全高分子材料省部共建协同创新中心

2017年12月12日，我国首个生物治疗转化医学国家重大科技基础设施（四川）项目在四川大学华西校区建设现场开工奠基

◆ 国家重点实验室（4个）

1.水力学与山区河流开发保护国家重点实验室

2.高分子材料工程国家重点实验室

3.生物治疗国家重点实验室

4.口腔疾病研究国家重点实验室

水力学与山区河流开发保护国家重点实验室

高分子材料工程国家重点实验室

生物治疗国家重点实验室

口腔疾病研究国家重点实验室

◆ 国家工程技术研究中心（2个）

1.国家生物医学材料工程技术研究中心

2.国家烟气脱硫工程技术研究中心

国家生物医学材料工程技术研究中心

国家烟气脱硫工程技术研究中心

◆ 国家工程实验室（1个）

制革清洁技术国家工程实验室

◆ 国家地方联合工程实验室（3个）

1. 环保型高分子材料国家地方联合工程实验室

2. 口腔再生医学国家地方联合工程实验室

3. 能源植物生物燃油制备及利用国家地方联合工程实验室

◆ 其他国家级科研基地（4个）

1.国家空管自动化系统技术重点实验室

2.视觉合成图形图像技术国防重点学科实验室

3.四川省濒危野生动物保护生物学重点实验室（省部共建国家重点实验室培育基地）

4.麻醉转化医学国家地方联合工程研究中心

◆ 教育部人文社会科学重点研究基地（4个）

1.道教与宗教文化研究所
2.南亚研究所
3.中国俗文化研究所
4.中国藏学研究所

中国藏学研究所研究人员

南亚研究所代表团访问巴基斯坦外交部

◆ 教育部区域与国别研究培育基地（4个）

1.欧盟研究中心
2.美国研究中心
3.南亚研究所
4.波兰与中东欧问题研究中心

▶ 四川大学美国研究中心主办多元文化语境下的当代美国研究国际学术研讨会

2017年11月29日，四川大学波兰与中东欧问题研究中心举行揭牌仪式

四川大学欧盟研究中心举办“‘一带一路’建设的跨文化交流：亚欧共话新丝路”主题研讨会

2000年以来科研获奖情况

2000年以来，四川大学共获国家科技三大奖63项；其中以四川大学为第一完成单位获得国家科技成果三大奖33项；获得国际科学技术合作奖1项、部省级一等奖188项。

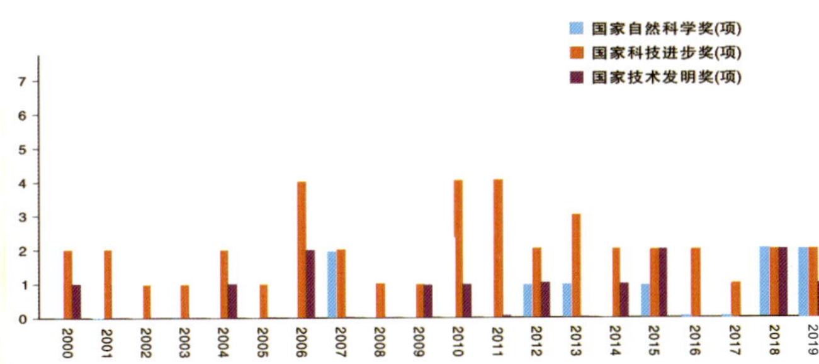

四川大学2000—2019年历年获国家科技成果三大奖情况

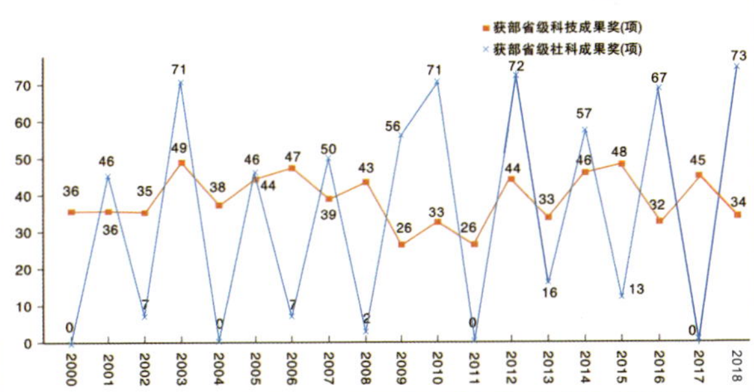

四川大学2000—2018年历年获部省级科技成果奖、社科成果奖情况

2000年以来四川大学作为第一完成单位获得的国家级科技成果奖一览表

序　号	成果名称	获奖类别	获奖年度	第一完成人	所属单位
1	无铬少铬鞣法生产高档山羊服装革	国家科技进步二等奖	2000年	石　碧	轻工科学与工程学院
2	硒镓银单晶体的制备方法	国家技术发明二等奖	2000年	朱世富	材料科学与工程学院
3	高效无卤添加型聚合物阻燃剂及其应用	国家科技进步二等奖	2001年	王玉忠	化学学院
4	高效益猪皮制革技术及相关配套材料的研究与开发	国家科技进步二等奖	2002年	但卫华	轻工科学与工程学院
5	MDSL多通道数字同步记录仪	国家科技进步二等奖	2003年	游志胜	计算机学院（软件学院）
6	结构照明型三维成像仪器及关键技术研究	国家技术发明二等奖	2004年	苏显渝	电子信息学院
7	大型料浆浓缩法磷铵国产化装置	国家科技进步二等奖	2004年	钟本和	化学工程学院
8	吸入麻醉的基础研究	国家科技进步二等奖	2004年	刘　进	华西临床医学院（华西医院）
9	CDZS系列空管自动化系统	国家科技进步一等奖	2005年	游志胜	计算机学院（软件学院）
10	基于动力学研究的新型微波化学反应器关键技术及应用	国家技术发明二等奖	2006年	黄卡玛	电子信息学院
11	固相力化学反应器及其在高分子材料制备和加工中的应用	国家技术发明二等奖	2006年	徐　僖	高分子研究所
12	微特电机用纳米晶复合永磁材料及其元器件研究与开发	国家科技进步二等奖	2006年	刘　颖	材料科学与工程学院
13	直肠癌全直肠系膜切除微创化保肛术与肿瘤微转移的临床应用研究	国家科技进步二等奖	2006年	周总光	华西临床医学院（华西医院）
14	破断岩体表面形貌与力学行为研究	国家自然科学二等奖	2007年	谢和平	水力学国家重点实验室
15	Ca-P生物材料的骨诱导性及其机理研究	国家自然科学二等奖	2007年	张兴栋	生物医学材料工程技术研究中心
16	高性能聚合物/超细无机粉体复合材料制备的关键技术	国家技术发明二等奖	2009年	傅　强	材料科学与工程学院
17	高坝工程泄洪消能新技术的开发与应用	国家科技进步二等奖	2009年	许唯临	水力学国家重点实验室
18	典型高分子材料无卤阻燃化关键技术及应用	国家技术发明二等奖	2010年	王玉忠	化学学院
19	含氮手性催化剂的设计合成及其不对称催化有机反应研究	国家自然科学二等奖	2012年	冯小明	化学学院
20	高水头大流量泄水建筑物分级防冲防蚀成套技术	国家技术发明二等奖	2012年	许唯临	水力学国家重点实验室

2000年以来四川大学作为第一完成单位获得的国家级科技成果奖一览表（续表）

序　号	成果名称	获奖类别	获奖年度	第一完成人	所属单位
21	猪鸡病原细菌耐药性研究及其在安全高效新兽药研制中的应用	国家科技进步二等奖	2012年	王红宁	生命科学学院
22	无限维控制系统的结构理论	国家自然科学二等奖	2013年	张　旭	数学学院
23	面向高端训练和体验的全景互动视觉合成技术与应用	国家科技进步二等奖	2013年	游志胜	计算机学院（软件学院）
24	磁共振影像学分析新方法及其对重大精神疾病机制的研究	国家自然科学二等奖	2015年	龚启勇	华西临床医学院（华西医院）
25	基于酶作用的制革污染物源头控制技术及关键酶制剂创制	国家技术发明二等奖	2015年	石　碧	轻工科学与工程学院
26	牙体牙髓病综合防治技术的创建与应用	国家科技进步二等奖	2016年	周学东	华西口腔医学院（华西口腔医院）
27	基于药效团模型的原创小分子靶向药物发现	国家自然科学二等奖	2018年	杨胜勇	生物治疗国家重点实验室
28	超长寿命疲劳裂纹萌生机理与寿命预测	国家自然科学二等奖	2018年	王清远	建筑与环境学院
29	微细矿物颗粒封闭循环利用高效节能分离技术与装备	国家技术发明二等奖	2018年	褚良银	化学工程学院
30	新型三嗪阻燃剂清洁制备及阻燃塑料加工关键技术	国家技术发明二等奖	2018年	王　琪	高分子研究所
31	不易成炭高分子材料的高效凝聚相阻燃体系构建及其作用机制	国家自然科学二等奖	2019年	王玉忠	化学学院
32	神经网络的若干关键基础理论研究	国家自然科学二等奖	2019年	章　毅	计算机学院（软件学院）
33	新型复合碳氮化物固溶体粉末及其高性能硬质材料	国家技术发明二等奖	2019年	刘　颖	材料科学与工程学院

1995—2015年四川大学获得全国高校人文社科优秀成果一、二等奖成果一览表

序　号	获奖等级	成果名称及形式	获奖者	出版社	获奖时间
1	一等奖	中国道教思想史纲（专著）	卿希泰	四川人民出版社	1995年
2	一等奖	汉语大字典（工具书）	徐中舒	四川辞书出版社	1995年
3	一等奖	文心雕龙的校注拾遗（专著）	杨明照	上海古籍出版社	1995年
4	一等奖	敦煌文学丛考（专著）	项　楚	上海古籍出版社	1995年
5	一等奖	灵谿词说（专著）	缪　钺	上海古籍出版社	1995年
6	二等奖	归纳逻辑：从古典到现代类型的演进（专著）	邓生庆	四川大学出版社	1995年
7	二等奖	第三产业经济分析（专著）	石柱成	四川人民出版社	1995年
8	二等奖	开发城市地产业的理论思考（论文）	杨继瑞	中国社会科学	1995年
9	二等奖	贫困与发展道路选择（专著）	何承金 赵学董	四川大学出版社	1995年
10	二等奖	西藏文明东向发展史（专著）	石　硕	四川人民出版社	1995年
11	二等奖	简明汉语史（专著）	向　熹	高等教育出版社	1995年
12	二等奖	佛典与中古汉语词汇研究（专著）	朱庆之	文津出版社	1995年
13	二等奖	西夏史稿（专著）	吴天墀	四川人民出版社	1995年

1995—2015年四川大学获得全国高校人文社科优秀成果一、二等奖成果一览表（续表）

序　号	获奖等级	成果名称及形式	获奖者	出版社	获奖时间
14	二等奖	华阳国志校补图注（专著）	任乃强	上海古籍出版社	1995年
15	二等奖	四川历史农业地理（专著）	郭声波	四川人民出版社	1995年
16	一等奖	中国道教史（修订本）（专著）	卿希泰	四川人民出版社	1998年
17	一等奖	王梵志诗校注（专著）	项　楚	上海古籍出版社	1998年
18	二等奖	世说新语词典（工具书）	张永言	四川人民出版社	1998年
19	二等奖	宋代诗学通论（专著）	周裕锴	巴蜀书社	1998年
20	一等奖	抱朴子外篇校笺（专著）	杨明照	中华书局	2003年
21	二等奖	大美不言：道教美学思想范畴论（专著）	潘显一	四川人民出版社	2003年
22	二等奖	走近歌德（专著）	杨武能	河北教育出版社	2003年
23	二等奖	中国近代不同类型城市综合研究（专著）	隗瀛涛	四川大学出版社	2003年
24	二等奖	印证与自由心证——我国刑事诉讼证明模式（论文）	龙宗智	法学研究	2006年
25	一等奖	唐代白话诗派研究（专著）	项楚等	学习出版社	2009年
26	二等奖	全宋文（360册）（古籍整理）	曾枣庄 刘　琳	上海辞书出版社 安徽教育出版社	2009年
27	二等奖	中国道教思想史（专著）	卿希泰	人民出版社	2012年
28	二等奖	道教美学思想史研究（专著）	潘显一 李　裴 申喜萍等	商务印书馆	2012年
29	二等奖	比较文学学科史（专著）	曹顺庆	巴蜀书社	2012年
30	二等奖	刑事诉讼的中国图景（专著）	左卫民	生活·读书·新知三联书店	2012年
31	二等奖	证据法的理念、制度与方法（专著）	龙宗智	法律出版社	2012年
32	二等奖	南亚藏传佛教研究(研究报告)	李涛等	中央统战部办公厅采纳(未公开出版)	2012年
33	二等奖	东岳真形图的地图学研究（论文）	姜　生	历史研究	2012年
34	一等奖	青藏高原碉楼研究（专著）	石　硕	中国社会科学出版社	2015年
35	一等奖	舆擎中国——新形势下舆论引导力提升方略研究（专著）	蒋晓丽	中国社会科学出版社	2015年
36	二等奖	道教金丹派南宗考论——道派、历史、文献与思想综合研究（上、下）	盖建民	社会科学文献出版社	2015年
37	二等奖	中外文论史	曹顺庆	巴蜀书社	2015年
38	二等奖	广义叙述学	赵毅衡	四川大学出版社	2015年
39	二等奖	吐蕃时代考古新发现及其研究	霍　巍	科学出版社	2015年
40	二等奖	世界经济波动理论	李天德	科学出版社	2015年

2000年以来部分重要科研成果

由四川大学杰出教授游志胜担任负责人的“CDZS系列空管自动化系统”于2005年获国家科技进步一等奖。其产品在军航的市场占有率在70%以上，民航的市场占有率在30%以上

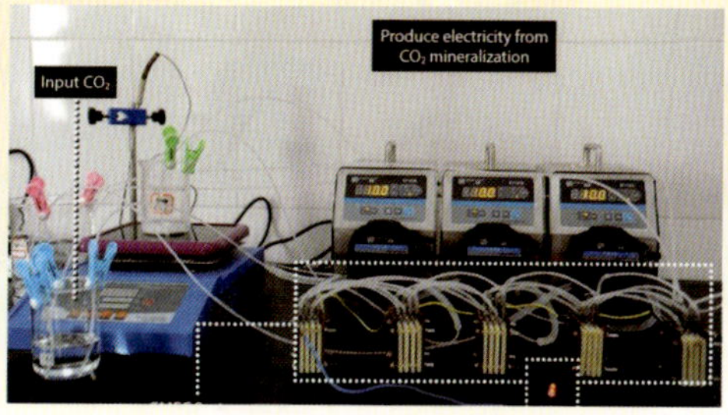

谢和平院士团队在世界首创CO_2矿化发电（CMC）技术，这是目前世界上唯一不需要外界提供能量，反而能够输出电能的CO_2减排利用新途径

2018年，谢和平院士负责的“深部岩石原位保真取芯与保真测试分析系统”项目获准国家重大科研仪器研制项目，直接费用6820万元，这是学校历史上首次牵头获准国家重大科研仪器研制项目

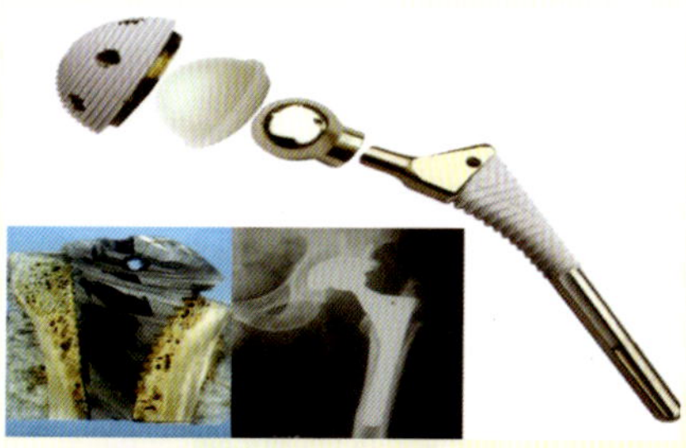

张兴栋院士团队完成的“Ca-P生物材料的骨诱导性及其机理研究”于2007年获国家自然科学二等奖。在国际上首创骨诱导人工骨理论，在骨骼肌肉系统治疗方面做出开创性贡献，宣告“划时代的用于再生医学的骨诱导材料的到来”

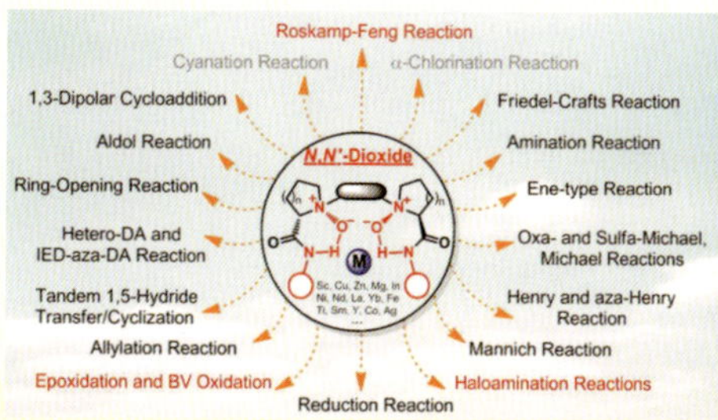

冯小明院士团队完成的“含氮手性催化剂的设计合成及其不对称催化有机反应研究”是首个在中国本土完成的以华人命名的有机化学反应，2012年获国家自然科学二等奖；冯小明院士于2018年成为首位获得未来科学大奖的川籍科学家

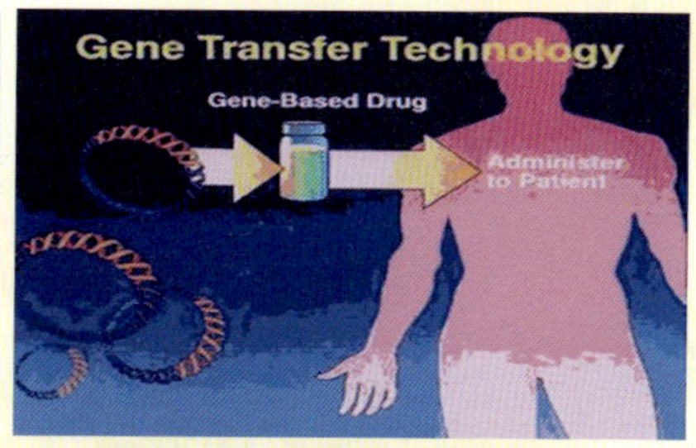

魏于全院士团队承担的国家“973”项目“基因靶向治疗的应用基础研究”，研制出了新型的靶向基因治疗病毒和非病毒载体，取得了良好的治疗效果，在国际上发表高水平研究论文50余篇，获得发明专利授权20余项，具有高度的国际国内影响力

四川大学杰出教授钟本和团队在国内率先研究“溶剂萃取法净化湿法磷酸技术”，开发出成套工业技术并在行业推广，其中两条生产线以整体技术转移交钥匙工程总承接方式建设完成，可帮助企业实现年新增利润2.5亿元；钟本和教授于2018年荣获“何梁何利基金科学与技术进步奖”

周寿桓院士团队承担的国家自然科学基金重大项目“高功率全固态激光相关基础科学问题研究”，在国内首次实现全固态激光P>10kw，β<6；创新性提出了新波长中红外掺杂纳米晶激光概念，研究成果“掺杂纳米晶激光”入选“2013中国光学重要成果”

朱世富、赵北君团队发明的“硒镓银单晶体的制备方法”，2001年获国家技术发明二等奖

刘颖教授团队完成的“稀土钒钛功能材料和器件”，开辟了攀西战略资源高值化利用新途径

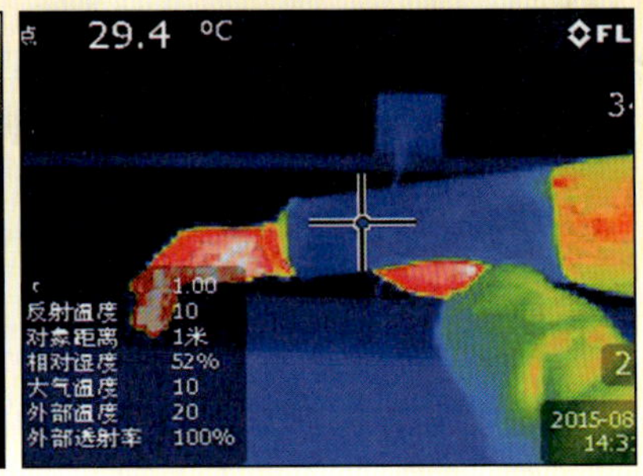

石碧院士团队在世界首创功能性皮革，该技术处于国际先进水平，2015—2018年带来直接经济效益1.125亿元；2015年，获国家技术发明二等奖

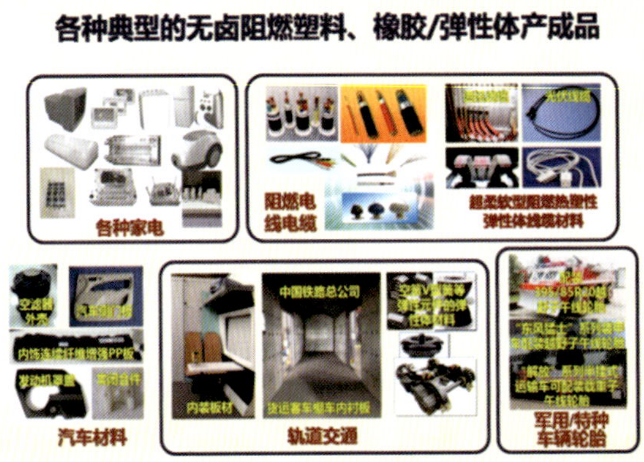

傅强教授团队在国际上率先开展无机刚性粒子增韧研究，其团队发明的“高性能聚合物/超细无机粉体复合材料制备的关键技术”已在13家企业得到成功应用，累计新增产值39亿元，利税5.1亿元；2009年，获国家科技进步二等奖

王玉忠院士团队发明了国际领先水平的“高分子材料绿色阻燃新技术”，在国际上首次提出“高温智能热交联炭化的全新无卤阻燃方法”，开辟了绿色阻燃新途径，其技术产品结束了外国企业20年的垄断历史

王琪院士团队研制建立了高性能塑料管旋转挤出加工新装备、新技术

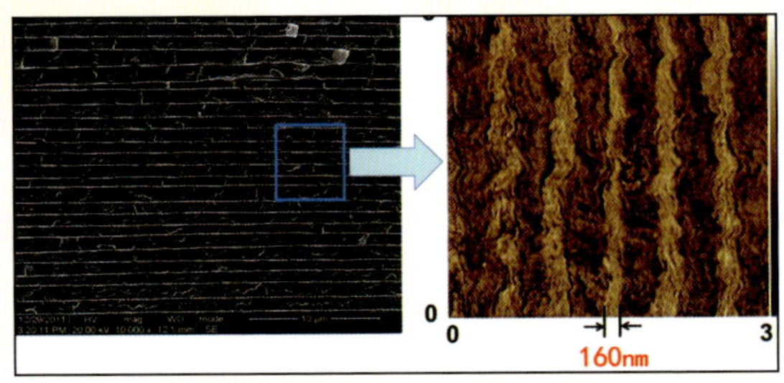

郭少云教授团队研制出国际首台“万层级高分子微纳层叠共挤出装置”，实现了高分子功能与结构一体化构造的“中国智造”

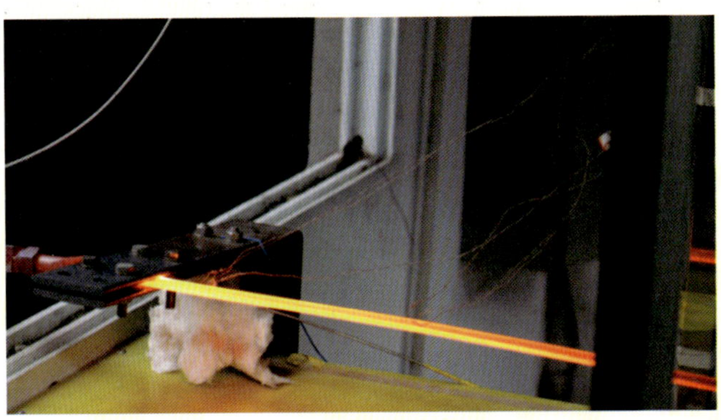

李象远教授团队完成了“燃烧反应动力学和超燃冲压发动机主动冷却新技术”，开发了我国首个燃烧反应机理自动生成程序和燃烧数据库

陈耀强教授团队牵头研制的“新型机动车尾气净化催化剂”，其产品性能优于国际知名产品，为高效治霾提供了强力支撑

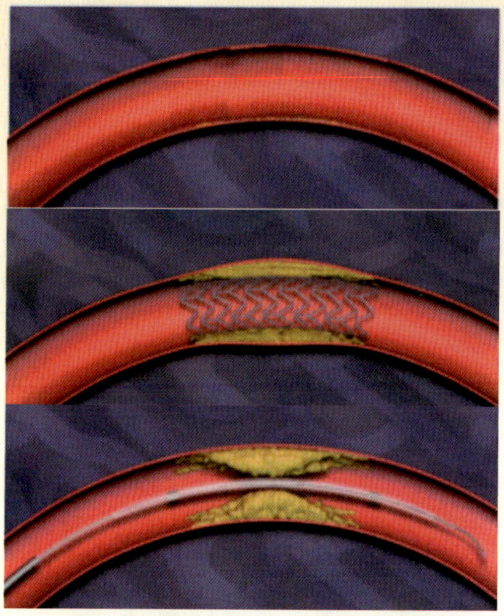

王云兵教授团队研制出全球第一款预装介入主动脉瓣膜系统、全球第一款介入自膨胀肺动脉瓣膜系统、全球第一个获得CFDA批准上市的介入主动脉瓣膜系统；他们研制的可诱导血管组织再生的新一代全降解聚合物支架已进入临床前准备阶段

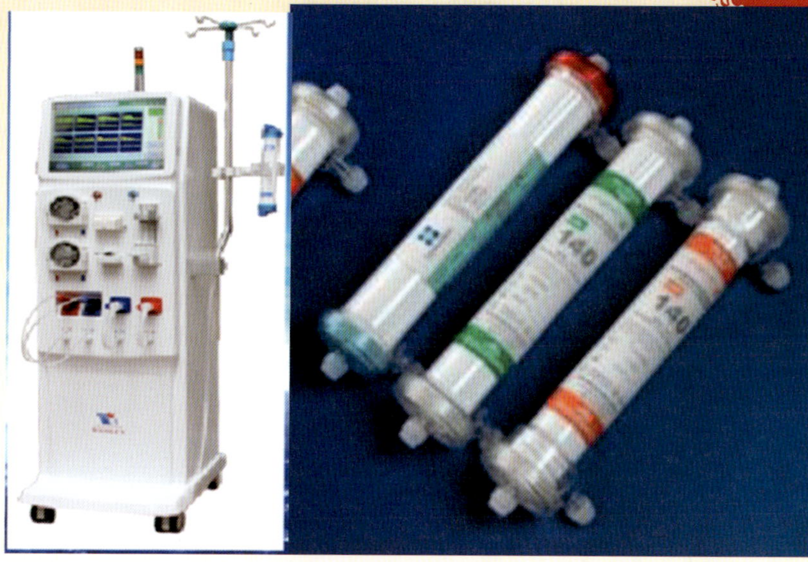

赵长生教授团队成功研发了国内首个具有自主知识产权的血液透析器、人工肾装置和直立式医用输液袋，并进行了规模化生产。2014年，获国家科技进步二等奖

许唯临教授团队研发的“高水头大流量泄水建筑物分级防冲防蚀成套技术”，获2012年国家技术发明二等奖；成功应用于拱坝坝高世界第一的锦屏一级水电站等23项水利水电工程，解决了工程中的关键技术问题，取得了显著的经济效益和社会效益

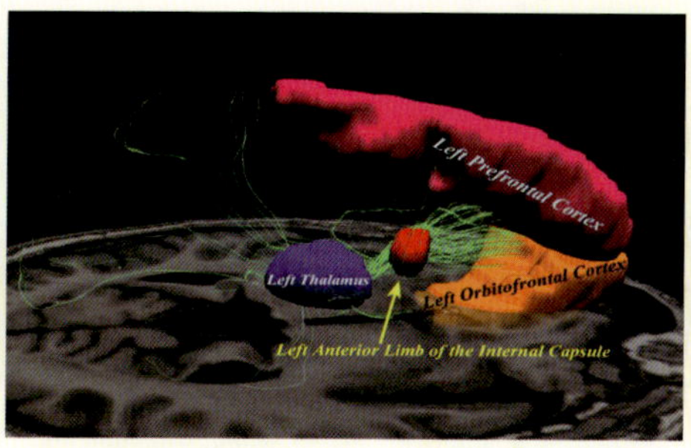

龚启勇教授团队完成的“磁共振影像学分析及其对重大精神疾病机制的研究”，解决了精神分裂症等重大精神疾病的临床难点，为推动脑科学及精准医学的发展提供了新方法和路径。2015年，获国家自然科学二等奖

周学东教授团队的“牙体牙髓病防治技术体系的构建与应用”获得2016年国家科技进步二等奖，为临床风险评估及预防治疗提供了新模式，极大地促进了我国牙体牙髓病的规范化治疗，提高了治疗质量和水平

哲学社会科学重要研究成果

四川大学哲学社会科学历史悠久、底蕴深厚、成果丰硕，先后推出了一大批高质量、在全国乃至世界具有重要影响的标志性成果。

《儒藏》作为国内规模最大的儒学文献集成，被誉为“千古儒学第一藏”“中国文化的历史丰碑，中华民族的精神长城”；《儒藏精华》260册已全部出版

全部完成并出版了中国最大规模的断代文章总集《全宋文》，共360册1亿多字，被誉为“开创新纪元的事业”

卿希泰主编的《中国道教思想史》（四卷本）是第一部全面系统论述道教思想发展史的学术专著，填补了我国道教思想通史研究的空白

周春主编的《中国抗日战争时期物价史》是我国第一部系统、全面论述中国抗日战争时期物价情况的专著，填补了物价断代史研究的空白

项楚等著《唐代白话诗派研究》在唐代文学研究领域填补了学术空白，有利于深化对唐代文学乃至中国文学发展史的认识和研究

曹顺庆著《中西比较诗学》是中国"比较诗学"领域的奠基之作，填补了我国"比较诗学"研究的空白

罗志田著《权势转移：近代中国的思想与社会(修订版)》是一部深入了解近代中国巨变的重要著作，在海内外学界具有巨大影响

詹石窗主撰的《中国宗教思想通论》是迄今我国学术界第一部系统综论中国宗教思想的学术专著

霍巍著《青藏高原考古研究》针对国内外关注的所谓"西藏问题"，从考古实物材料的研究角度发出"中国声音"，为维护国家民族统一、边疆政治稳定具有重要价值

徐玖平著《大型水利水电工程建设项目集成管理》被实业界、系统工程界誉为"创立了大规模科学技术工程的集成管理示范"

龙宗智著《相对合理主义》提出了司法改革中的"相对合理主义"观点，在法学界产生了广泛影响

姜晓萍主编《建设服务型政府与完善地方公共服务体系》是对服务型政府理论和实践的重要创新

学校附属医院开展了诸多具有全国乃至世界首创意义的先进手术治疗

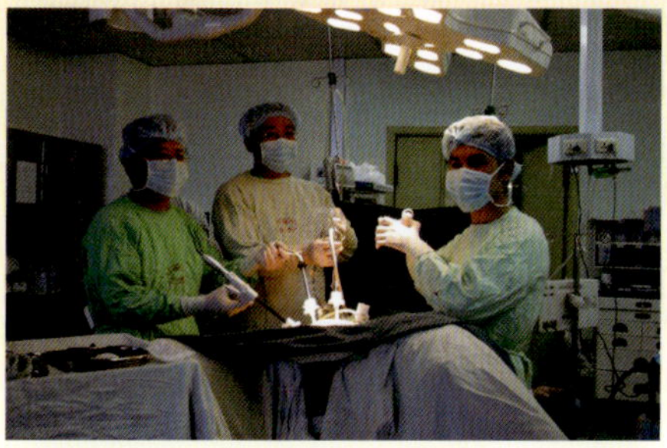

周总光教授团队完成了“直肠癌全直肠系膜切除微创新技术”，为全球首创腹腔镜超低位保肛技术，在国际上突破了中低位直肠癌微创手术的盲区和禁区。2007年，获国家科技进步二等奖

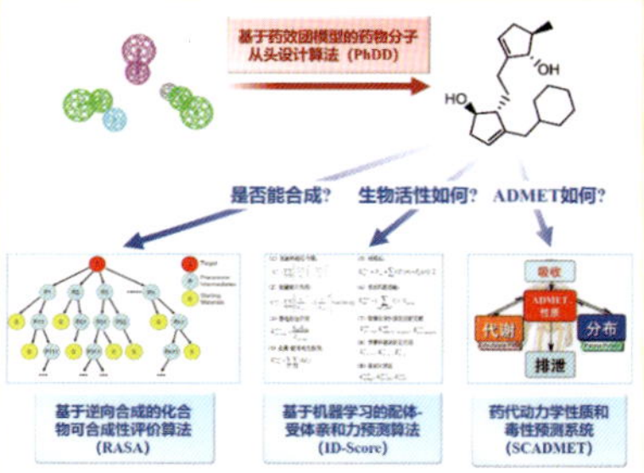

杨胜勇教授团队建立了一套完整的全新药物分子设计模型，解决了当前创新药物研发成本高、周期长的瓶颈问题。图为基于药效团模型的全新药物分子构建及相关评价算法示意

胡兵教授在国际上首创并命名内镜技术7项，多次受邀在欧美发达国家著名医院和世界胃镜学术大会上进行手术操作演示，是接收世界一流医院进修医生最多的中国医生之一

2012年以来，陈茂教授团队相继完成了我国西部地区首例经导管主动脉瓣置换术（TAVI）、全球首例TAVI预装载干瓣治疗、全球首例TAVI联合Liwen术治疗主动脉瓣狭窄合并肥厚梗阻性心肌病等多项医疗突破

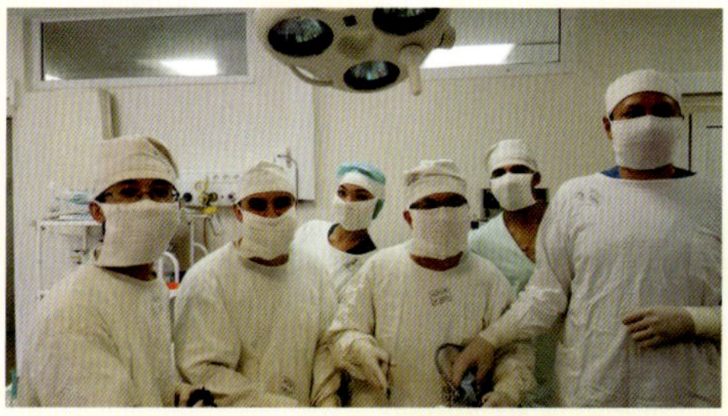

彭兵教授团队在国内最早完成高难度的人工血管重建的腹腔镜胰十二指肠切除术（LPD），并在国际上首次完成了血管切除肝圆韧带重建的LPD，也是目前国际上完成血管重建最多的团队

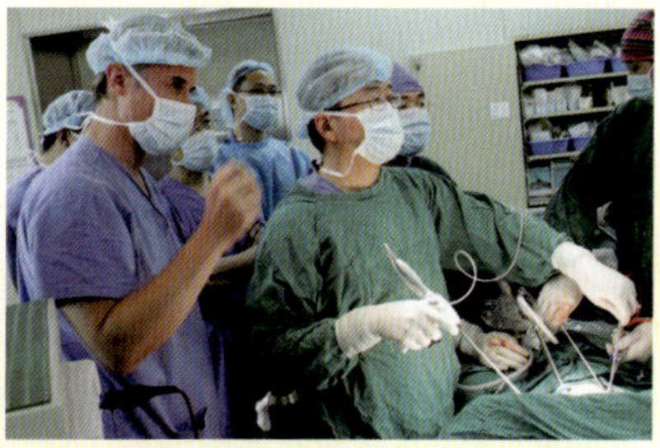

刘伦旭教授团队创新性地建立了“华西刘氏胸腔镜——单向式胸腔镜肺叶切除术及系列关键技术”，被评价为“中国胸腔镜肺癌切除成熟的标志”并被写入《外科学》

严律南教授团队开创了一系列世界领先、国内创新的肝移植医疗技术，如完成了中国第一例全腹腔镜下活体供体右半肝切取，肝移植围手术期平均费用世界最低

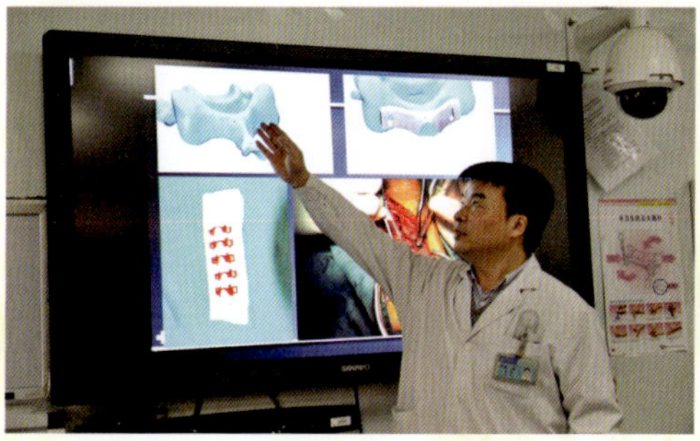

2014年，学校附属医院在国内外首次采用3D打印技术实施颈椎椎板单开门椎管扩大成形术

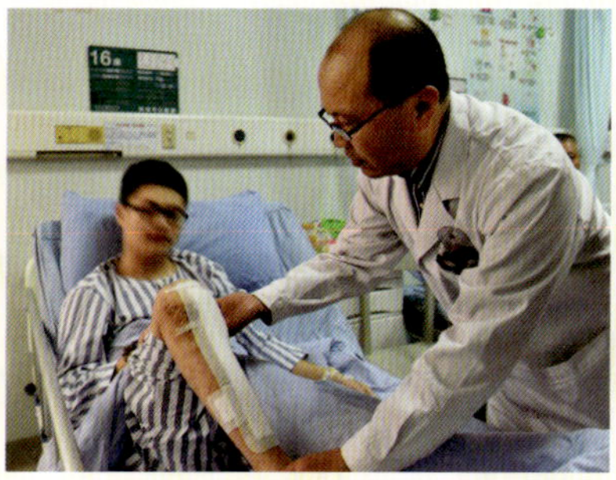

2015年，学校附属医院完成世界罕见的全下腔静脉至右心房肿瘤切除术

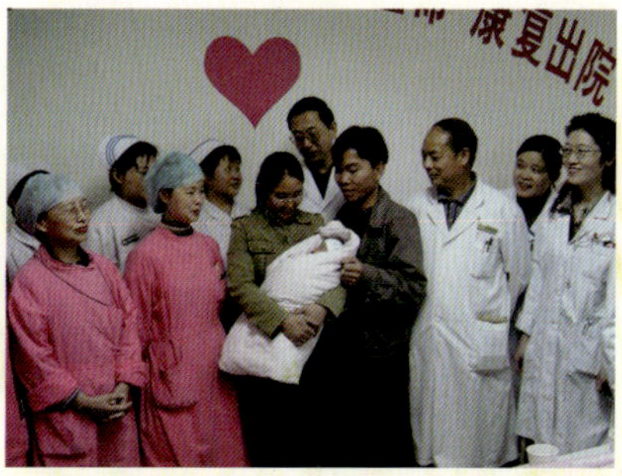

2004年，学校附属医院严律南教授与曾蔚越教授团队实现了中国首例肝移植女病人手术后三年怀孕生子

四川大學 SICHUAN UNIVERSITY

第五章

心系天下　忧患苍生
——社会服务

服务社会始终是大学的重要使命。七十年来，四川大学聚焦国家社会发展战略，充分发挥高校作为科学技术第一生产力和人才第一资源结合点的重要作用，利用人才、科技、文化和医疗等优势，积极强化校地企合作，在扩大合作领域、丰富合作项目、深化合作内涵、促进科研成果转化等方面进行了一系列富有成效的实践，形成了互惠互利、校地企共赢的发展格局，创造了高水平大学服务社会的“川大模式”。

新中国成立初期，学校组织学生学习革命理论，积极贯彻毛主席“身体好、学习好、工作好”的全面发展教育方针，参加各项重大社会改革运动，开展新民主主义教育，大批师生响应党的号召，参加征粮剿匪、土地改革和抗美援朝战争。

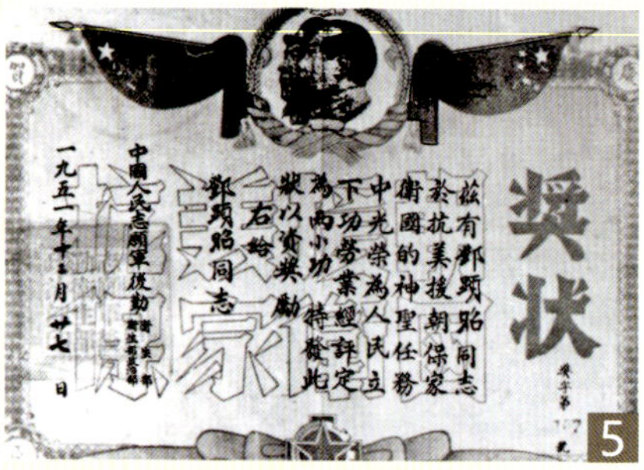

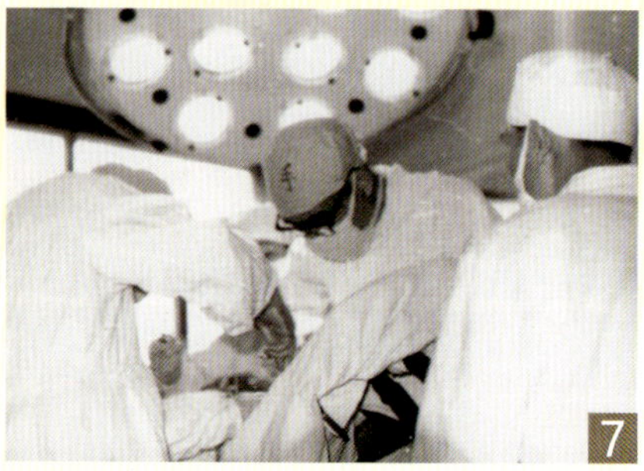

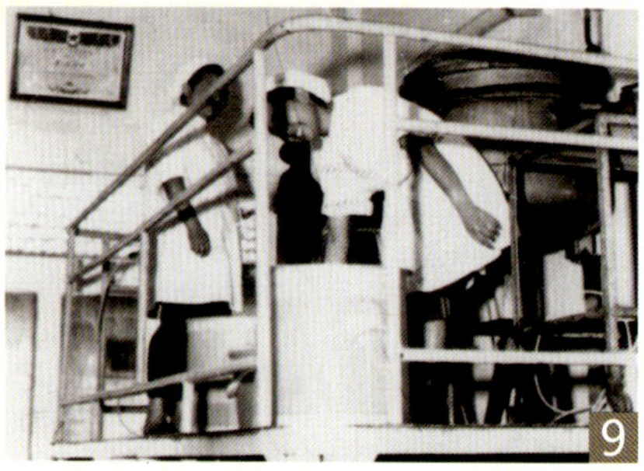

1.1951年，参军同学在军委炮校合影
2.1951年，欢送参干同学下乡征粮剿匪
3.师生在眉山县和翻身农民一起焚烧地主的地契
4.参加抗美援朝的华西大学医疗队
5.华西大学教师在抗美援朝中获得的奖状
6.全校开展新民主主义教育
7.1953年，口腔医学系在全国最早建立颌面外科专科病室；同年4月，四川医学院成立生产实习指导委员会
8.1954年，为了培养工农出身的技术专家和领导骨干，学校举办了附设工农速成中学、卫生干部文化补习班
9.1958年，四川医学院创办制药厂，这是高校中创办最早的校办工厂之一
10.1959年底，成都工学院电机561班团支部向团中央提出建议，全国青年捐建共青团拖拉机厂以支援农业“四化”（图为电机系师生制成动态模拟装置）

20世纪70年代起，广大医务人员坚守岗位，开展了肾上腺切除术、甲状旁腺次全切除术、完全性断肢再植术等新技术应用。盐亭县肿瘤普查防治研究从1971年5月开始，历时8个月，普查人数共计45000余人，是继河南林县普查工作之后全国一项重要的肿瘤普查防治工作。

20世纪70年代的援藏医疗队

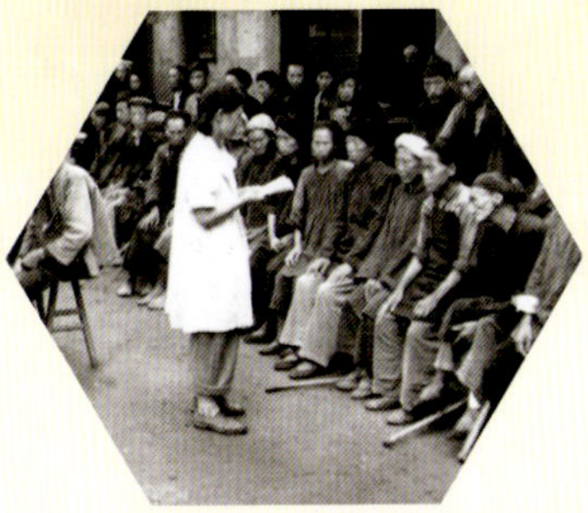

20世纪70年代医疗工作者在钩端螺旋体病防治现场

1983年，四川医学院被确定为卫生部全国高等医药院校的师资进修基地

1983年，四川医学院新建卫生管理干部培训中心，成为全国七个卫生管理干部培训中心之一

1988年，成都科技大学成立科技开发总公司，举办科技成果交易会

成都科技大学举行高校校办产业协会成立暨首届学术经验交流会

1989年5月11日，华西医科大学与日本星火产业株式会社合资兴建四川华星中药有限公司

1990年，卫生部口腔种植科技中心在华西医科大学成立，这是我国第一个集人工种植牙科研、医疗、技术培训、生产为一体的科技实体

华西医科大学药用植物标本园是四川省药材标本的重要基地

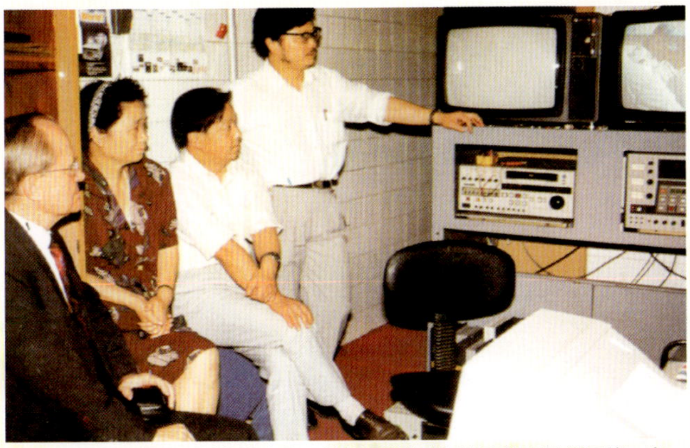

1991年，华西医科大学建立四川省医学教育远距离视听教学网络，在国内开医学远程教育之先河，实现了华西-西藏间实时交互卫星传输教学，为援助祖国边疆民族地区的医疗卫生事业做出了重要贡献。学校获得了国务院"全国第二次民族团结进步表彰大会"奖励

1995年4月18日，四川联合大学校董会成立，标志着学校与政府部门、企业界联合办学，推动地方经济社会发展和深化改革进入新阶段

2000年以来，四川大学坚持“以贡献求支持，以服务促发展”的理念，充分发挥人才、科技及医疗优势，主动服务于国家发展战略和地区发展需要，不断深化社会服务模式改革，服务国家、引领社会的能力持续增强，为促进国家创新体系建设和推动经济社会发展做出了积极贡献。

1 四川大学社会服务重要平台

- 四川大学国家技术转移中心（全国首批）
- 四川大学国家大学科技园（全国首批）
- 校地企产学研战略合作平台
- 华西医学中心及四个附属医院
- 四川大学-香港理工大学灾后重建与管理学院
- 四川大学全国干部教育培训基地（中共中央组织部和教育部首批）
- 青少年防灾减灾教育基地（全国高校首个）
- 四川大学国家级专业技术人员继续教育基地暨教育部继续教育示范基地
- 四川大学国家保密学院暨国家保密教育培训基地成都分基地
- 四川大学定点扶贫国家级贫困县
- 四川大学对口支援民族边远地区教育事业
- 四川大学海内外各地校友会

2 校地企战略合作

近年来，学校与国内近30个省（自治区、直辖市）、国内外150多个地市和8000多家企事业单位建立了产学研合作关系，共建了300多个高水平校地企产学研平台，学校承担了国内外企事业单位委托的技术开发、转让、服务和咨询项目1.3万余项。一大批重大科技创新成果已成为相关行业的主导技术。

四川省、成都市、四川大学共建世界一流大学，打造校地合作的“四川范本”

四川大学与联想（北京）有限公司共建人工智能研究中心

四川大学与埃克森美孚公司签署“高分子复合物加工领域研究”合作协议，科研合作经费1500万元，是埃克森美孚目前与中国高校合同经费最大的一项科技合作协议

以校地共建“三个一”为抓手，打造成果转化“四川范本”

一项资金

共建校地合作专项资金模式，以“企业提需求、政府出资金、学校给配套”的方式，引导和支持教师参与共同开展创新研发和成果转化。

已与四川8个市州共设“校地合作专项资金”，资金总规模已达5亿元，已实施的川大-泸州、川大-德阳联合研发项目149项，带动各类投资约68亿元，新增产值约35亿元，利税4.2亿元，取得了明显经济效益和社会效益。

一支队伍

共建高水平专职研发转化队伍，按照“企业提需求、学校设岗位、政府给支持”的方式，校地企共引、共育高水平工程技术研发专职成果转化队伍（博士后）。

一个平台

瞄准各市州产业特色，共建校地创新平台或转化服务机构，加速学校优质科技资源向地方转移、转化。

进一步深化与成都市融合发展，打造市校发展“利益共同体”

共建世界一流大学 助推国家中心城市建设

2016年4月，与成都市签署“共建世界一流大学战略合作框架协议”。2018年6月，市校签署“共建世界一流大学 助推国家中心城市建设合作协议”，进一步全面深化市校合作，将共建前沿医学研究中心、面向新经济的技术交叉与转化中心、开放型人文·自然博物馆3个项目。

打造“环川大知识经济圈”（成果转化区）

与成都市武侯区共建“环川大知识经济圈”，围绕四川大学华西校区、望江校区周边区域，打造“四区”（高雅文化集聚区、科技文化创新创意集聚区、科技创新创业集聚区、西部健康创新产业集聚区）。双方共建的四川大学武侯区科技成果孵化基地已吸引20余个团队入驻；高新技术企业孵化平台完成了1.3万平方米的改造，力争为师生团队提供高水平创业服务。与双流区人民政府签订深化校地合作共建系列协议，启动四川华西国际医院建设项目。

全面参与成都市产业功能区建设

成都将全市的产业整体规划到66个产业功能区及产业园区中，截至目前，与川大有合作交流关系的产业园区有39个，约占成都园区总数的60%，学校已与其中15个产业功能区签署16个校地合作项目协议。

3 科技成果转化与产业化

1

2

3

4

5

1.“四川大学国家大学科技园技术产权交易中心成立暨首届项目推介会”召开

2.举行“四川大学国家大学科技园科技产业集团创新中心大楼落成典礼暨入园仪式”

3.举行“四川大学华西药业股份有限公司成立暨挂牌仪式”

4.2008年，川大智胜股份公司成功上市，实现了学校上市公司零的突破

5.2012年，学校成立四川首个高校产业技术研究院——四川大学产业技术研究院

4 健康中国

附属医院医疗数据增长表						
项 目	1956年	1979年	1986年	1993年	2000年	2018年
病床数（张）	718	1250	1263	1613	1764	6740
住院病人数（人次）	11963	14000	15299	18201	7.7万	29.8万
门急诊量（人次）	281482	607575	791092	672017	207.4万	856.5万
手术（台次）	—	—	7636	9782	2.8万	20.2万
平均住院日	—	—	27.4	25.32	12.33	8.36
床位周转次数	—	—	13.30	15.08	28.83	50.895
床位使用率	—	—	101.17%	106.67%	104.36%	99.2%

2003年，学校医务人员和广大师生众志成城抗击“非典”

2018年5月，由四川大学华西医院牵头筹建的国际应急医疗队（中国四川）通过世界卫生组织专家团队的认证评估，成为全球第十五支国际应急医疗队（EMT），同时也是全球第二支、中国第一支世界最高级别的非军方Ⅲ类国际应急医疗队（EMT Type3）

华西医院坚持把优质医疗资源向基层辐射，与近600家医院建立了区域协同医疗体系，华西远程医学网络成为中国最大规模远程医学教育与分级协同医疗体系，华西网络医院总数达800多家，服务人数达5亿人次，极大地带动了区域整体医疗卫生服务水平提升。

华西口腔医院于2001年建立西部口腔医疗协作网，覆盖西部12个省、直辖市、自治区和114个医疗卫生机构；建立了华西口腔专科联盟，至2019年共有110家成员单位；开展口腔诊疗规范标准推广38项，年均开展远程医疗服务1200余次、培训医务人员9800余人；国家口腔疾病临床医学研究中心的网络成员单位包括全国40家主要的口腔医学院校及一些综合型医院，共同进行项目的研究与推广。

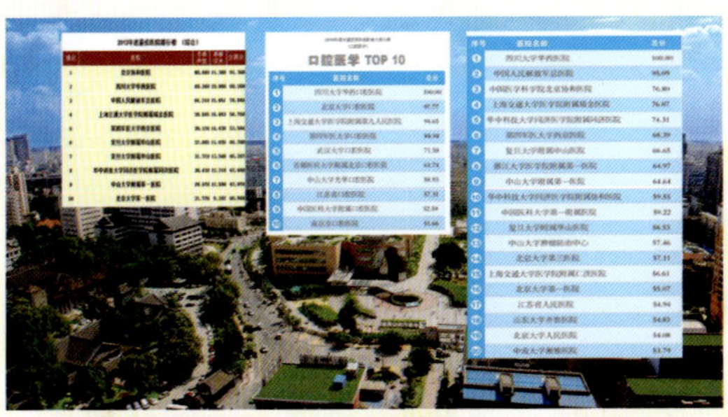

华西医院连续9年名列中国最佳医院排行榜第2位，华西医院、华西口腔医院连续多年分获相应中国医院科技量值排行榜第1名

5 教育对口支援与精准扶贫

创建精准扶贫新模式，把定点扶贫甘洛、岳池等国家级贫困县以及对口支援西藏大学等高校作为重要政治任务抓紧抓实。

四川大学党委书记王建国赴甘洛县调研脱贫攻坚工作

四川大学校长李言荣赴岳池县调研脱贫攻坚工作

2016年，华西口腔医学院帮助西藏大学申办口腔医学专业，筹建口腔医学系，并于2017年起招收本科生

2017年11月17日，“四川大学华西口腔医院甘孜分院挂牌仪式”在甘孜州人民医院举行

学校荣获2016年度“四川省脱贫攻坚‘五个一’驻村帮扶先进集体”称号。2018年，定点帮扶岳池县、甘洛县等工作在国务院扶贫办和四川省组织的首次工作考核中，均获好评。

从1999年起，累计有225名研究生接力参加扶贫支教，完成了738个中小学班级6万余人次的教学任务。

6 救灾防灾减灾与灾后建设

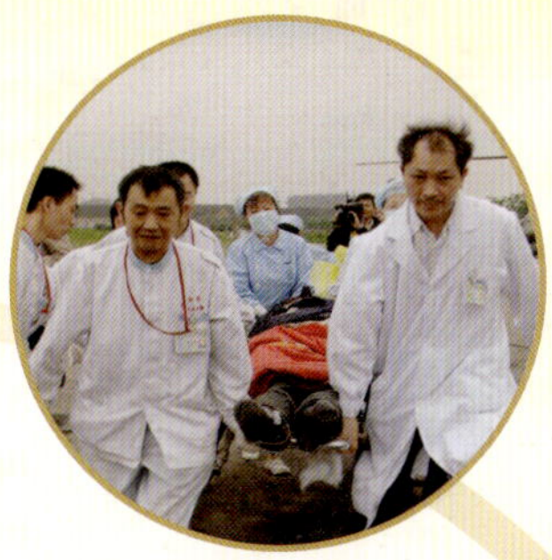

四川大学医务工作者抢救芦山地震危重伤员

四川大学专家在什邡考察堰塞湖

学校发挥学科、人才、科研、医疗优势，积极参与灾后重建与防灾减灾工作。先后组织医疗救护、卫生防疫、心理咨询、爆破和结构等相关领域专家4130人次组成的62支救援队和3万余名志愿者组成的1300余支队伍奔赴重灾区开展抢险救灾和灾后重建工作。

四川大学“973”项目组进行灾后重建考察

四川大学四个附属医院在汶川地震、玉树地震、芦山地震、尼泊尔地震等重大突发性事件中发挥了医学国家队中流砥柱的作用，共收治来自重灾区的危重伤病员近3000人，四川大学华西医院成为国家抗震救灾指挥部指定的重伤员救治中心。2013年，芦山地震后李克强总理在四川大学华西医院看望伤员。

华西医院国际应急医疗队赴尼泊尔抗震救灾

四川大学医务工作者接治地震重灾区伤员

华西二院实施“5·12”汶川特大地震震后再生育工程

学校被教育部授予“全国教育系统抗震救灾先进集体称号”，四个附属医院均获全国总工会“‘抗震救灾，重建家园’工人先锋号”称号，华西医院被党中央授予“全国抗震救灾英雄集体”称号。

在“5·12”汶川地震十周年纪念日暨全国第十个“防灾减灾日”，四川大学“全国青少年防灾减灾教育培训基地”揭牌

全国抗震救灾英雄集体

四川大学与香港理工大学合作建设灾后重建与管理学院

7 新型高端智库建设和咨政服务

2016年9月27日，国家智库理事会赴四川大学调研高端智库建设

学校大力加强新型高端智库建设，4个智库成为首批四川省新型智库，50余份报告得到党和国家领导人批示。

8 面向社会开展培训

2009年，学校被批准成为全国首批13个“干部教育培训高校基地”之一。学校对外举办干部教育培训和继续教育培训3400多期，培训学员20余万人次。

四川大学全国干部教育培训基地

2011年9月，四川大学举行国家保密学院暨国家保密教育培训基地成都分基地成立大会

9 充分发挥校友力量服务社会

截至2019年6月，学校成立了98个校友分会。其中国内校友会组织85个（包括21个行业校友会，覆盖33个省、自治区、直辖市以及港澳台地区），海外校友会组织13个（覆盖美国、加拿大、英国、法国、瑞士、日本、澳大利亚等国）。

四川大学全球校友创业家联谊会成立

第六章

名师辈出　教泽绵绵
——师资队伍

“所谓大学者，非谓有大楼之谓也，有大师之谓也。”四川大学坚持“培养、引进、稳定、提高”的人才方针，深化人事制度改革，完善激励机制和约束措施，培养和会聚起一批活跃在世界学术前沿、满足国家重大战略需求的顶尖科学家、学术领军人物和优秀创新团队，使各类高层次人才队伍规模大幅提升，形成了德才兼备、结构合理、学术精湛的高水平师资队伍，为中国高等教育事业的进步和经济社会发展做出了巨大贡献。

1950—2018年四川大学师资队伍基本情况

类别		1950年	1955年	1965年	1978年	1994年	2000年	2012年	2018年
学校编制教职工数		1505	2487	4780	9007	6405	9477	8387	8465
专任教师数		612	936	2164	3162	2507	2982	4292	4488
人员构成	教授	244	135	98	61	280	538	1188	1507
	副教授	65	105	102	93	665	964	1469	1969
	博士学位	—	—	—	—	96	475	1906	3469
	硕士学位	—	—	—	—	690	1340	1123	796
聘期一年以上的外国专家数		—	—	—	—	8	27	92	182
附属机构编制职工数		—	—	1755	2245	—	2865	2250	2477

1950年6月，华西协合大学一大批远在加拿大、英国、美国留学和讲学的教师千方百计返回祖国参加新中国的建设

20世纪五六十年代学校的一、二级教授名录

学校	一级教授	二级教授
四川大学	柯召 徐中舒 方文培 侯光炯 杨允奎 陈之长	蒲保明 冯汉骥 蒙文通 缪钺 刘为涛 雍克昌 张鼎铭 胡坤陞
成都工学院	张铨 张洪沅	谢秉仁 徐僖 徐日新 丘勤宝 陈秉良 王景贤 彭荣阁
四川医学院	刘承钊 曹钟樑 黄克维 乐以成 吴和光 陈文贵	陆振山 杨嘉良 杜顺德 蓝天鹤 陈志潜 夏良才 何伟发 肖卓然

1

2

3

4

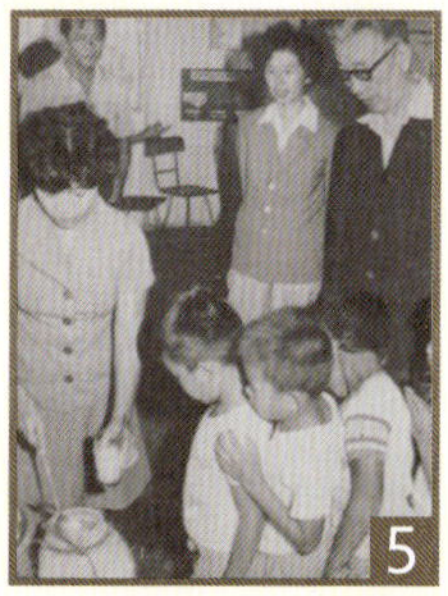
5

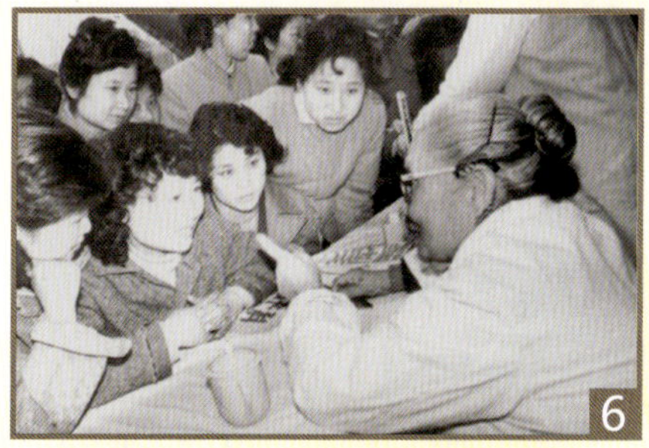
6

7

8

9

1.著名历史学家、古文字学家徐中舒积极提倡“围绕主题，多学科配合的综合研究法”，使历史学、文化学和民族学等学科的研究走出了“疑古时代”

2.植物分类学家方文培一生共采集标本2万余份，发现新植物群100多种，其中由他命名的有40多种；李约瑟曾经称赞他是“中国最杰出的植物学家”，他的研究“开拓了中国植物研究的新道路”

3.化学工程学家张洪沅，主编出版了我国第一本《化工原理》教材，是我国化学工程教育的奠基人之一、中国化工学会和中国化学会的创始人之一；他对接触法制硫酸的反应速率进行了开拓性的研究，该研究成果被国外化学工业界称为“张氏公式”

4.皮革化学家张铨引进现代制革技术，并结合我国原料产品进行研究，是中国现代皮革工业的开拓者和奠基人之一；他的博士论文为国际辛辛那提学派植物鞣革机理吸着学的创立提供了开篇之作

5.陈志潜是中国初级卫生保健的先驱、中国社区医学的创始人、中国现代健康教育的奠基者，被誉为“中国公共卫生之父”，创立了华北定县农村卫生体制模式，影响了中国和许多发展中国家的卫生保健体系

6.乐以成是中国现代妇产科学的开拓者和先驱，在中国妇产科领域有“北有林巧稚，南有乐以成”之称

7.汉语史专家张永言与其汉语史研究团队

8.文学批评史家杨明照毕生致力于中国古代文论及古代文献研究，被誉为“龙学泰斗”

9.水力学及河流动力学国家重点学科带头人吴持恭

1978年12月，学校制订了《1978—1985年师资培养规划（草案）》。1978—1985年，四川大学先后派411名中青年教师参加脱产培训，其中在国内培训的有281名，在国外进修培训的有130名。

康振黄教授给中青年教师做学术报告

20世纪80年代后期，华西医科大学在专业技术职务评聘时，率先在国内推行公开答辩、破格晋升的办法。图为中青年教师申报副高级职称推荐答辩会

1991年，国家教委直属工科高校人事工作研讨会

2000年以来，学校坚持党管人才原则，牢固树立“人才工作是第一要务，人才资源是第一资源”的思想，以“高端引领、国际化导向、引培并举、全覆盖发展”为理念，以面向全球引智和激发人才活力为重点深化人事制度改革，持续推进“双百人才工程”等系列人才工程，加强高端人才队伍建设；同时通过实施青年教师“三个全覆盖”计划，大力加强青年教师培养，形成了一支高端人才领军、结构合理、具有国际化视野的高水平教师队伍，为推进一流大学建设夯实了人才基础。

内培外引打造一流师资队伍

新海纳人才计划

- 全球英才会聚工程
  - 全球高端人才精准引进计划
  - 拔尖优秀青年人才引进计划
  - “高被引学者”定向引进计划
  - 交叉学科平台引智计划
- 人才人物培育工程
  - 杰出教授和卓越教授选聘计划
  - 高端领军人才激励计划
  - 中青年领军人才精准支持计划
  - 青年学术带头人培育计划

四川大学2000年以来高端人才发展对比表			
类　别	2000年	2012年	2018年
院　士	5	13	13
杰出教授	0	6	7
“973”首席科学家	0	9	9
国家杰出青年基金获得者	9	41	45

外籍师资聘任简况

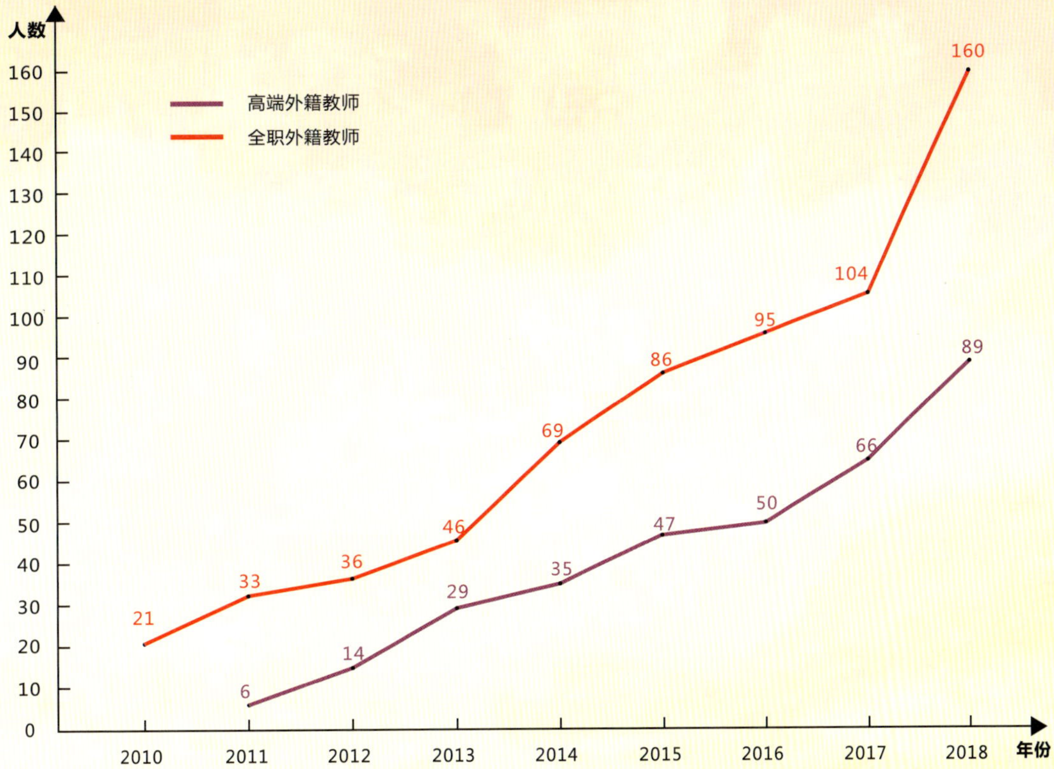

举行“四川大学名誉教授授聘仪式”

高端外籍特聘教授木田建次教授

美国科学院院士大卫·威茨教授

英国皇家科学院院士麦克法兰教授

“三个全覆盖”提升青年教师胜任力 ►

“三个全覆盖”是指青年教师博士学位和海外经历全覆盖、导师制全覆盖、科研启动经费全覆盖。

自2017年启动“全球青年学者论坛”，促进海内外青年学者的交流合作，诚邀海内外青年英才加盟四川大学

2011—2018年，学校先后有1000余名教师赴哈佛大学、斯坦福大学、牛津大学等世界一流大学访学。图为牛津大学圣埃德蒙学院“世界经济与公共政策”专项访学教师合影

激发教师内生动力，提升教师教学能力 ►

四川大学教师教学发展中心作为我国首批30个国家级教师教学发展示范中心之一，在全国首创基于“教学社区”的高校教师教学发展新模式。

实施新教师双证（教师资格证+四川大学教师教学能力提升培训合格证）上讲台制度。

聘请国内外一流专家，开展系列教学策略培训。五年来参训教师超过3万人次。

国际学术沟通能力提升培训

新教师教学能力培训

本科创新教育大讲堂

以学为中心的教育研讨会

教学策略培训

全英语授课教师发展培训

创立教学创客中心

大力选树各类教育教学楷模

持续开展“十佳师德标兵”“卓越教学奖”“无私奉献标兵”等评选表彰活动，各类奖项总奖金每年1300多万元，已累计表彰5000多人次。

首届四川大学“最受学生欢迎教师奖”颁奖典礼

石坚教授获得四川大学第五届“卓越教学奖”特等奖

四川大学第四届“五粮春青年教师优秀教学奖”颁奖仪式

新中国成立以来曾在四川大学工作的院士、学部委员与杰出教授

院士、学部委员

刘承钊

陈文贵

侯光炯

柯 召

侯朝焕
★双聘★

刘应明

陈俊愉

谢和平

周寿桓
★双聘★

魏于全

张兴栋

冯小明

陈芬儿
★双聘★

王玉忠

杰出教授

卿希泰

项 楚

游志胜

曹顺庆

朱清时
★双聘★

徐 僖

毛炳权

涂铭旌

林祥棣
★双聘★

高 洁

赵尔宓

李安民

石 碧

程 京
★双聘★

李言荣

王 琪

罗志田

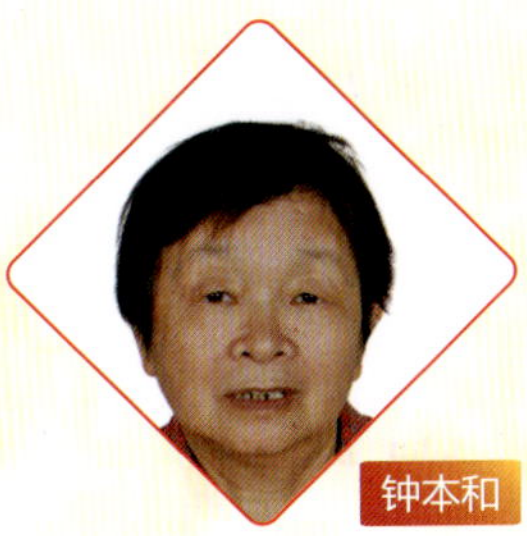
钟本和

詹石窗

霍 巍

校史展览馆

第七章

海纳百川　取精用弘
——对外交流合作

扩大对外交流合作是大学发展的必然趋势。七十年来，四川大学积极与世界一流大学和科研机构开展多层次、多渠道、全方位的交流与合作，学习和借鉴世界各地教育发展和管理的成功经验，汇聚世界优质高等教育资源和发展要素，共建关注和解决全球热点问题的合作平台，提升和强化对外交流合作在学校发展中的战略地位和助推超越效应，极大地促进了人才培养、科学研究和基础建设，形成了浓厚的国际校园氛围，学校的国际影响力和竞争力显著提升。

20世纪50年代，四川大学选派师生代表前往苏联学习，邀请一批苏联专家来校指导教育教学工作。

学校师生欢迎苏联专家 ▶

◀ 四川大学校长顾问、苏联专家别略耶娃介绍苏联制订教学计划经验

苏联专家包斯特尼科夫 ▲ 指导有关化肥的科研工作

▲ 苏联专家沃斯克列辛斯基在成都工学院讲授课程

▲ 四川大学派师生代表访问苏联

▲ 华西大学举办“向苏联学习”展览

20世纪50年代，四川医学院选派7人到苏联和东欧国家留学和进行学术交流，同时，成都工学院与非洲、东南亚部分发展中国家积极开展交流合作。

20世纪50年代，非洲学者参观成都工学院塑料实验室

1959年10月，教育部选送成都工学院化工系王建华教授作为援越专家，赴越南民主共和国河内重工业学校为教师及研究生讲授“无机物工学”一年，获得越方颁发的“胡志明友谊勋章”

成都科技大学与俄罗斯彼得堡工业大学签订校际合作协议

成都科技大学与美国华盛顿大学签订校际合作协议

1982年，四川大学成立外事办公室，1992年，成立国际交流服务中心。1979—1994年，与四川大学建立校际联系的国外高校有50所，与成都科技大学建立校际联系的国外高校有39所；1981—2000年，华西医科大学与8个国家和地区的41所高校、医院或机构建立了合作交流关系。

华西医科大学与多伦多大学签订校际协议

▲ 华西医科大学与日本齿科大学结为姊妹学校

1980年，学校与北美高等教育基督教联合董事会建立了长期合作关系，至1993年，获资助经费约70万美元。

1981年，引入美国纽约中华医学基金会（CMB）资助项目，至2000年，获资助项目35个，经费1000多万美元。全校约25%的医科教师参加了CMB项目的实施，其中超过87%出国接受培训。数个CMB资助项目在我国开了医学教学改革之先河，学校也因此获得3个国家级大奖，建立了4个重点实验室和3个培训中心，获得了3项专利，出版教材和专著近200本，发表文章1000多篇，其中 SCI 和 EI 文章超过100篇。

美国纽约中华医学基金会有关人员访问华西医科大学

1996年，华西医科大学在CMB的资助下建立了我国第一个医学技术专业。图为CMB资助院校校长会议在华西医科大学举行

CMB 主席、IIME 主席为华西医科大学学生颁发考试合格证书

1979—1993年，四川大学派出近400人次各类留学人员前往五大洲20多个国家学习和研究；同期，成都科技大学选派404人次出国进修和攻读学位；1985—2000年，华西医科大学共派出各类出国进修、学习、访问及参会人员约2100人次。

1980年3月，成都科技大学正式设立中国科学院西南地区出国预备人员英语培训班；后来逐渐增加了日、德等语种，从而改名为“中国科学院西南地区出国预备人员外语培训中心”

成都科技大学赴英留学生合影

1985—2000年，华西医科大学向莫桑比克、阿联酋等国派出援外医疗队13批，共41人。

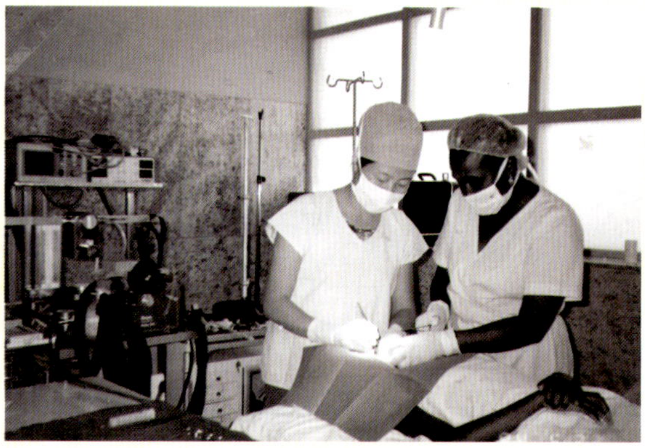

赴非洲援外医疗队

四川大学于1982年和1984年试行接受了来自5个国家的19名留学生，并于1988年组建了对外汉语教学中心。截至1993年，四川大学共接收来自40多个国家的留学生、高级研究人员459人。1978年，四川医学院招收20名缅甸留学生（医学专业）。1985年，四川大学被国家教委列为西南地区接收来华留学生的重点院校。

1984年，医学专业留学生班结业纪念

中国学生与留学生交流

1979—1993年，四川大学先后共聘请了118名境外专家来校长期任教，400余名境外专家来校短期讲学。同期，成都科技大学邀请到校讲学的外国教授专家有300多人次，顺访来校讲学的有200多人次。1980—1998年，华西医大聘请海外名誉教授和副教授50人，邀请境外专家1463人来校访问讲学。

外国核物理学专家来校讲学

1981—1984年，先后有7名国外及香港地区大学教授受聘为华西医科大学名誉教授

李政道先生来校访问

杨振宁先生到校讲学

1978—1993年，四川大学接待了30多个国家和地区4000多人次的代表团/组来访。

1985年，时任美国副总统乔治·布什到校访问并发表演说

1987年，美国科学家代表团访问四川大学

1986年，英国莱斯特郡政府组团访问成都科技大学

1985—2000年，华西医科大学主持承办了各种国际学术会议和讲习班20余次，参加者达1000多人。

国际医学教育教师培训会在华西医科大学举办

华西医科大学参与《全球医学教育最低基本要求》的制定和评估方案的建立

1990年，流体传动控制与机器人国际学术会议在成都科技大学召开

1992年，“第二届中国欧洲共同体国际学术会议”在四川大学召开

第三次远东生物医学材料研讨会在四川大学召开

以南亚研究所为基础的亚洲研究中心组织的学术活动在四川大学举办

与港澳台地区密切合作

1992年6月，霍英东先生参加四川大学足球赛

邵逸夫先生参观其捐建的文科楼（逸夫楼）

首批台湾籍口腔医学研究生获得硕士学位

2000年以来，学校不断拓展与创新对外交流合作渠道与模式，与35个国家和地区的286所知名大学、科研机构建立了交流合作关系，通过积极建设高水平国际合作平台、实施学生国际化培养工程、举办高层次国际交流活动等举措，主动融入世界一流大学竞争体系，不断提升国际影响力和竞争力。

1 建设一流国际合作研究机构

四川大学与世界一流大学或机构共建的高层次科研合作平台（中心）

1、九寨沟生态可持续发展国际研究中心

2、中德能源研究中心

3、中德水环境与健康研究中心

4、中英联合材料研究所

5、四川大学-日立环境应用技术研究中心

6、四川大学-意大利国家研究会国际多功能聚合物和生物材料合作研究中心

7、四川大学西部研究国际中心-哈佛大学费正清中国研究中心双方合作研究中心

8、四川大学-俄罗斯科学院远东研究所中俄文化研究中心

9、中美大学战略规划研究所

10、布鲁塞尔中欧问题研究院

11、巴基斯坦研究中心

12、四川大学-剑桥大学深地科学研究中心

2 举办高水平国际学术会议

2000年以来，四川大学主办或承办高层次国际学术会议300余次。

中美公立研究型大学校长论坛（2005年）

第30届国际皮革工艺师和化学家协会联合会大会（2009年）

第九次世界生物材料大会（2012年）。这是全球生物材料界规模最大、层次最高的综合性盛会，32年来首次在中国举行

首届成都精准医学国际论坛（2015年）

国际行政科学学会暨国际行政院校联合会2016年联合大会

联合国第九届水与灾害高层专家与领导组会议（2017年）。这是该会议首次在中国举行

3 汇聚全球精英

近年来，包括美国、德国、法国、俄罗斯、加拿大、澳大利亚等国家元首在内的各国政要和近100位诺贝尔奖获得者、各类杰出科学家、著名行业精英等到校访问。

外国政要来访

2007年4月，巴基斯坦总理肖卡特·阿齐兹(Shaukat Aziz)来访

2008年10月，斯里兰卡民主社会主义共和国总理拉特纳西里·维克拉马纳亚克(Ratnasiri Wickremanayake)来访

2009年4月，巴基斯坦前总统佩尔韦兹穆沙拉夫(Pervez Musharraf)来访

2010年，比利时前首相德阿纳(Jean-Luc Dehaene)来访

2011年4月，泰国公主诗琳通（Maha Chakri Sirindhorn）来访

2011年8月，美国副总统约瑟夫·拜登（Joseph Robinette Biden, Jr.）来访

2011年10月，马尔代夫副总统默罕默德·瓦希德·哈桑·马尼克（Mohammed Waheed Hassan）来访

2011年10月，世界贸易组织总干事帕斯卡尔·拉米（Pascal Lamy）来访

2012年，法国前总理让-皮埃尔·拉法兰（Jean-Pierre Raffarin）来访

2012年9月，俄罗斯联邦委员会主席瓦莲京娜·伊万诺夫娜·马特维延科(Valentina Ivanovna Matviyenko)来访

2013年10月，澳大利亚总督昆廷·艾丽斯·路易丝·布莱斯（Quentin Alice Louise Bryce）来访

2013年10月，加拿大总督戴维约翰斯顿（David Johnston）来访

2016年3月，尼泊尔总理卡德加·普拉萨德 夏尔马·奥利（Khadga Prasad Sharma Oli）来访

2016年10月，波兰共和国副总理雅罗斯瓦夫·戈文（Jaroslaw Gowin）来访

2016年11月，阿富汗伊斯兰共和国第二副总统穆罕默德萨瓦尔·丹尼什（Mohammad Sarwar Danesh）来访

2018年12月，德国总统弗兰克-瓦尔特·施泰因迈尔（Frank-Walter Steinmeier）来访

诺贝尔奖获得者来访

1、2002年11月，美国诺贝尔医学奖获得者丹尼尔·卡尔顿·盖蒂谢克（Daniel Carleton Gajdusek）教授来访

2、2003年12月，德国诺贝尔化学奖获得者罗伯特·胡贝尔（Robert Huber）教授来访

3、2004年6月，英国诺贝尔经济学奖获得者詹姆斯·莫里斯（James Mirrlees）教授来访

4、2004年7月，美国诺贝尔经济学奖获得者约瑟夫·尤金·斯蒂格利茨（Joseph Eugene Stiglitz）教授来访

5、2008年11月，美国诺贝尔医学奖获得者克雷格·梅洛（Craig Cameron Mello）教授来访

6、2011年9月，德国诺贝尔化学奖获得者哈特穆特·米歇尔（Hartmut Michel）教授来访

7、2011年10月，诺贝尔物理学奖获得者、美国斯坦福大学道格拉斯·奥谢罗夫（Douglas Osheroff）教授来访

8、2012年10月，澳大利亚诺贝尔医学奖获得者巴里·马歇尔（Barry J. Marshall）教授来访

9、2012年10月，日本诺贝尔化学奖获得者白川英树（Shirakawa Hideki）教授来访

10、2013年11月，美国诺贝尔物理学奖获得者乔治·斯穆特（George Fitzgerald Smoot）教授来访

11、2013年12月，美国诺贝尔奖获得者戴维·格罗斯（David Gross）教授来访

1	2	3	4	5	6	7	8
9	10	11	12	13	14	15	16
17	18	19	20	21	22		

12、2014年6月，英国诺贝尔生理学奖获得者理查德·蒂莫西·亨特爵士（Sir Richard Timothy Hunt）教授来访

13、2014年10月，日本诺贝尔化学奖获得者根岸英一（Negishi Ei-ichi）教授来访

14、2015年9月，诺贝尔物理学奖获得者丁肇中教授来访

15、2015年9月，以色列诺贝尔化学奖获得者阿达·尤纳斯（Ada Yonath）教授来访

16、2016年4月，美国诺贝尔化学奖得主卡尔·巴里·夏普莱斯（K. Barry Sharpless）教授来访

17、2016年5月，美国“三院”院士理查德·A·勒纳（Richard Alan Lerner）教授和诺贝尔奖得主卡尔·巴里·夏普莱斯（K. Barry Sharpless）教授来访

18、2016年10月，英国诺贝尔化学奖获得者詹姆斯·弗雷泽·司徒塔特（James Fraser Stoddart）教授来访

19、2017年4月，美国诺贝尔医学奖获得者詹姆斯·杜威·沃森（James Dewey Watson）教授来访

20、2017年9月，美国诺贝尔奖获得者朱棣文（Steven Chu）教授来访

21、2017年9月，美国诺贝尔经济学奖获得者罗伯特·科克斯·默顿（Robert Cox Merton）教授来访

22、2017年10月，诺贝尔化学奖得主让-马里·莱恩（Jean-Marie Lehn）教授来访

四川大学2000—2018年外国来访人次

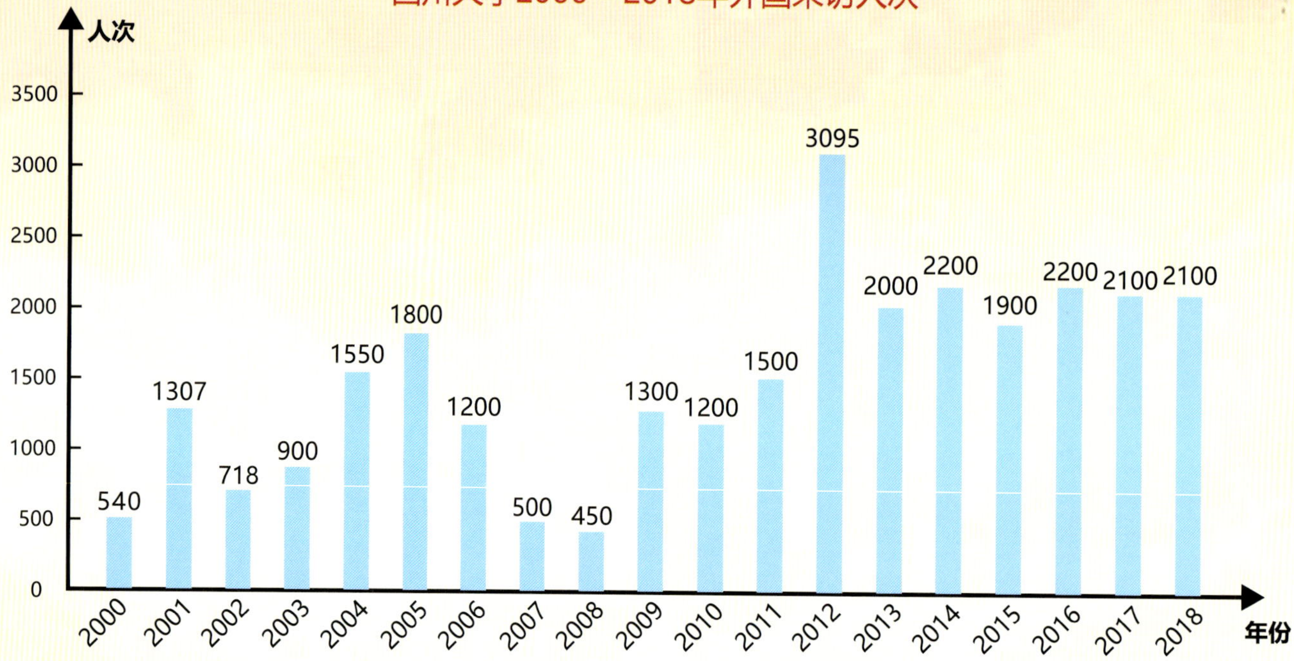

四川大学2000—2018年长期聘任的外国专家人数

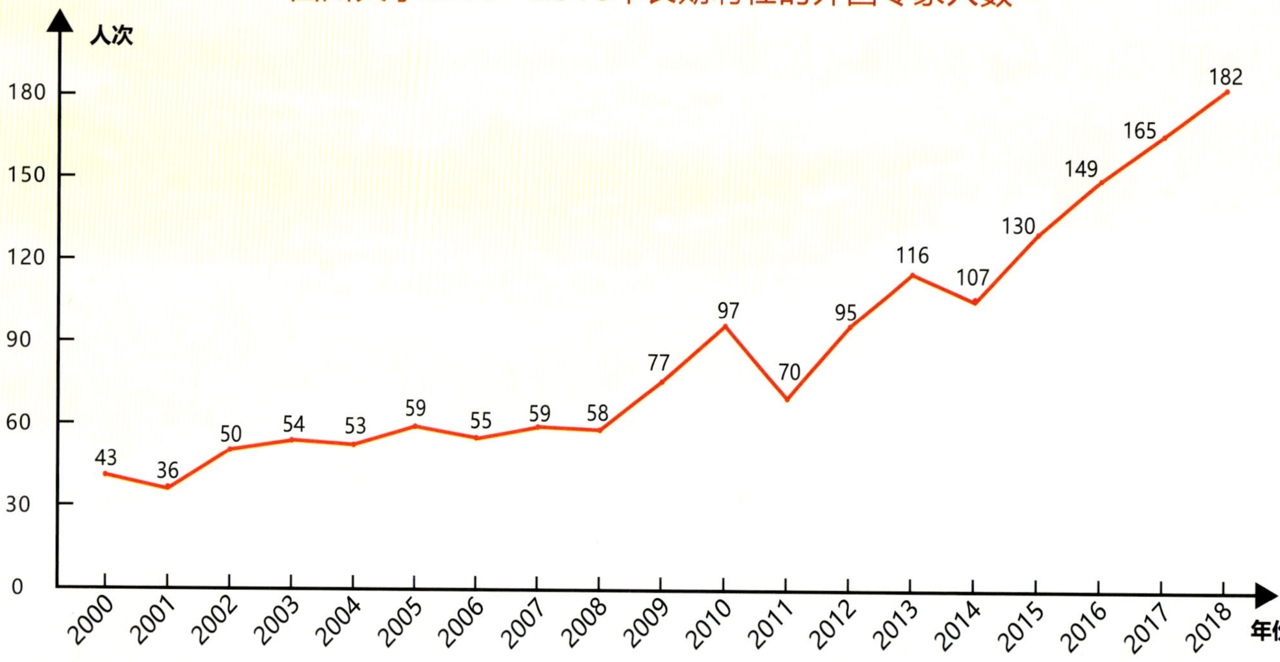

2017年10月27日，四川大学作为中方主席单位牵头成立并启动了中俄“‘长江-伏尔加河’高校联盟”（36所俄罗斯高校、29所中国高校）

2016年，四川大学发展战略国际咨询理事会成立

4 合作办学提升学生国际竞争力，推动中华文化“走出去”

四川大学与美国、英国、加拿大、欧洲、澳大利亚等33个国家和港澳台地区的214所国际知名大学合作构建了多形式的学生联合培养体系。

2015年6月19日，刘延东副总理在美国出席四川大学匹兹堡学院揭牌仪式，该学院于2015年开始招生

为促进与“一带一路”沿线国家的交流与合作，推动“蓉欧+”战略的实施，2017年，四川大学与波兰华沙大学共建了我国唯一的“波兰语+”专业

中法合作“实时软件工程”研究生班毕业

在德国克劳斯塔尔大学学习的学生

在美国华盛顿大学学习的学生

与海外合作共建5所孔子学院

1. 韩国又松大学孔子学院
2. 美国亚利桑那州立大学孔子学院
3. 美国华盛顿州孔子学院
4. 美国犹他大学孔子学院
5. 比利时布鲁塞尔自由大学孔子学院

在2018年“第十三届孔子学院大会”上，四川大学作为国内10所高校之一荣获“孔子学院先进中方合作机构”称号

5 “国际课程周”汇聚全球优质教学资源

为更好地践行“让每一位在校学生有至少一次的国际化教育经历”的理念，学校自2012年起连续8年开展“国际课程周”，邀请牛津、哈佛等世界一流大学的880多位专家和2000多名学生来校，开设全英文国际课程1100多门，开展创新创业和科研训练项目1000多项，举办国际交流营活动300余个，每年受益学生超过2万人次，成为全球师生知识共享、文化互动、情感沟通的立体平台，提升了学生的国际胜任力。

2012年，国际课程与实践周开幕式

中外大学生会聚一堂

中外大学生科研大赛

6 海外访学计划拓展国际视野

2018年4月，启动“大川视界”大学生海外访学计划，每年选派各类学子3000余人次到境外百余所学校（机构）访学交流，目前已有项目152个。

◆ “大川视界”大学生海外访学计划 ◆

加州大学欧文分校寒假项目

英国牛津大学暑期课堂

“中、比、非”国际交流项目学生在比利时布鲁塞尔自由大学开展暑期交流学习

鼓励学生到非洲及“一带一路”沿线国家开展国际义工服务及考察调研。

◆ 大学生海外实习实训基地 ◆

人工智能跨界学习：硅谷实训

招商局科伦坡国际集装箱码头“一带一路”大学生海外实习实训基地

学校实施了青年骨干教师、中层领导人员、辅导员海外培训计划。近10年来，共派出青年骨干教师1300余名、中层领导人员362名、辅导员40余名参与海外培训。

◆ 教职工海外访学计划 ◆

青年骨干教师参加海外培训

中层领导人员参加海外培训

7 “留学川大”品牌影响力逐渐显现

学校建设临床医学、中国经济等19个全英语授课专业、500余门全英语课程，2018年共吸引3851名境外学生前来求学。

◆ 建设全英语专业与课程 ◆

国际工商管理全英语授课专业

临床医学专业留学生合影

◆ 实施“一带一路”沿线国家未来领导力人才培养计划 ◆

2018年11月，华西口腔医学院承办首个发展中国家系统性数字化正畸诊疗技术国际培训班

2017年3月13日，四川大学-华沙大学“一带一路”青年领导力培训班开班

尼泊尔高级政要研修班论坛式教学活动

第八章

弘理承流　聚智铸新
——文化传承创新

学校大力推进文化传承创新，以弘扬中华优秀传统文化和社会主义先进文化、培育践行社会主义核心价值观为主旨，努力做到研究有创新、实践有成效、建设有标志，积极发挥哲学社会科学的思想引领和教化育人功能，通过校训校史、课堂教学、校园环境、主题活动、网络平台等载体，以文化人、凝心聚魂，培育了一批覆盖广、影响大、有特色的校园文化品牌及优秀成果，成为传承弘扬优秀传统文化、培育践行社会主义核心价值观、推动中国特色社会主义文化大发展大繁荣的重要阵地。

建设了一批文化传承创新平台

1980年9月，四川大学道教与宗教文化研究所成立，成为全国高校第一个以研究道教为主的研究所；1990年，四川大学获批全国高校第一个宗教学博士学位授予点

1983年，四川大学古籍整理研究所成立，这是教育部批准的第一批大学古籍整理研究机构之一

2009年3月11日，世界首家老子研究院在四川大学正式挂牌成立

2009年10月24日，我国西部高校第一所国际儒学研究院在四川大学挂牌成立

2012年，全球第一个文化艺术与科技创新汇聚中心在四川大学成立

2012年12月28日，“中国西部边疆安全与发展战略协同创新中心”在四川大学成立

2013年1月12日，“四川大学中国学中心暨‘美丽中国’研究所”成立

2013年11月25日，四川大学“中华多民族文化遗产与文化凝聚协同创新中心”成立

2018年，四川大学与四川省委宣传部联合共建“中华文化研究院”

开展传统文化研究，编撰出版了一批具有重要影响的文化著作

1.1986年3月，四川大学历史系和四川省文物考古所共同组织开展了有史以来规模最大的“三星堆”考古发掘工作

2.学校牵头承担了国家“十三五”规划重大文化工程《中华续道藏》编纂工作，由詹石窗教授担任首席专家

3.以项楚教授为代表的一批四川大学学者共同致力于敦煌学研究，从根本上改变了“敦煌在中国，敦煌学在国外”的面貌，使我国成为世界公认的敦煌学研究中心

4.《巴蜀全书》被誉为川版“四库全书”，是由国家和省委省政府双重认定的规模最大、跨时最长、体例最新、预期成果最多的人文社科重大项目；其标志性成果《廖平全集》荣获2015年度全国优秀古籍图书一等奖，《宋会要辑稿》获“第三届全球华人国学大典”国学优秀成果奖

5.蒋晓丽、侯雄飞等著《舆擎中国——新形势下舆论引导力提升方略研究》，对科学系统地提升国家形象和文化软实力具有重大现实意义。2015年，获全国高校人文社会科学研究优秀成果一等奖

6.姜生著《汉帝国的遗产：汉鬼考》对中国古代思想史研究、前天师道历史研究、宗教考古研究及汉民族传统研究具有非常重要的意义，为汉代宗教研究的颠覆之作，被学界视为古史研究必读之著

7.石硕等著《青藏高原碉楼研究》是国内外首部全面、系统研究青藏高原碉楼的专著，对当前碉楼旅游资源的开发利用以及我国将青藏高原碉楼申报世界文化遗产具有重要的学术及现实意义

构建传统文化及人文素质教育课程体系

1998年，四川大学作为全国首批试点单位承办了第三次全国高校加强文化素质教育试点工作研讨会

自2004年起，四川大学精选人文社科的优秀师资面向全校学生开设“中华文化”必修课，迄今已形成了上百门文化素质教育课程群，累计超过16万学生从中受益

四川大学建设了一批以“人文大讲堂”“《儒藏》论坛学术讲座”“尊经论坛”等为代表的文化学术讲座，近3年共举办各类学术论坛1000余场，参与学生30余万人次

加强红色基因传承，弘扬红色文化传统

推进江姐纪念馆建设，2018年11月27日启动了“锦江红梅傲雪开——四川大学校友江竹筠烈士纪念展”暨“做新时代红色传人”主题教育活动

学校长期坚持推进红色文化教育基地建设，近年来以继承弘扬杰出校友、红岩英烈江姐的崇高精神为引领，深化红色基因传承教育，弘扬校园红色文化传统。

生命科学学院基础学科拔尖人才培训班成立“江姐班”

师生自编自导自演原创舞台剧《江姐在川大》

学校在望江校区修建了川大烈士纪念亭，在江安校区建设了川大英烈碑，每年清明节和烈士纪念日均举行缅怀活动

开展丰富多彩的校园文化活动

1988年春节，华西校友合唱团音乐会在中央电视台全场播出

四川联合大学首届学生艺术节文艺汇演

学校多年持续举办“挑战杯”学生课外学术科技活动节、“逐梦青春”社团文化节、“凤凰展翅”文化艺术节、“陌上花开”国学月系列活动、“感动川大”学生新闻人物评选等文化品牌活动

学校推进高雅艺术进校园，中央歌剧院、国家话剧院、东方演艺集团、德国慕尼黑工业大学交响乐团等国内外知名演出团体纷纷来校举办演出活动

学校组建了学生合唱团、管弦乐团、舞蹈团、话剧社等9个高水平艺术团体，这些团体创作表演的节目在全国大学生艺术展演活动中获得多个金奖，并连续多年参加中央电视台春节联欢晚会演出

2019年，学校举办“庆祝新中国成立70周年教职工‘中华诵’经典诵读比赛”、合唱比赛等

建设具有文化品位、凸显川大传统的校园文化环境

精心打造“六馆一廊”人文教育基地，作为传承百年川大文化和精神的主线，发挥了很好的环境育人功能。

校史展览馆

人文博物馆

自然博物馆

美术馆

医学博物馆

口腔博物馆

历史文化长廊

新建了一批川大杰出历史人物纪念雕塑

学校实施“校园文化视觉形象识别系统”建设工程，确定了学校标准色、校旗、校徽，形成了各学院院训和机关部门的文化理念，充分彰显了四川大学优秀文化传统和精神

探索贴近师生、引领社会的文化传播路径

联手中央电视台、《光明日报》、《中国日报》等高端媒体与文化机构，构建高层次、高规格的文化传播引导平台，发挥大学文化影响公共舆论、引领社会文化的积极作用

全力打造“一网三微”全媒体平台，成立了四川大学新媒体联盟，精心谋划和组织大学生网络文化节、新媒体大赛等网络“微”活动，“大川微博”“大川微信”多年蝉联“全国教育系统新媒体综合力十强”，学校官网多次被评为全国百佳网站，并入选全国高校名站名栏，学校网络海外传播力进入全国十强。图为“2016年中国教育政务新媒体年会”在四川大学举行

学校在全国高校中率先创新开展的“8秒正能量”微视频活动在全国产生示范影响，得到了中宣部、教育部的高度肯定，并在全国推广

2015年7月3日，由中宣部、教育部主办的“‘建设校园文化 涵育核心价值’现场交流会”在四川大学召开。中宣部王世明副部长指出，川大经验就是“8秒正能量堆积价值观”，教育部杜玉波副部长对学校加强校园文化建设、涵育核心价值的成果给予了充分肯定，并指出值得全国高校学习推广

打造了一批校园文化建设精品项目

学校校园文化建设多次获得全国性奖励

全国高校校园文化建设优秀成果 2007年

特等奖

以“四馆一廊”为载体，营造创新人才培养新环境

全国高校校园文化建设优秀成果 2009年

一等奖

在文化深呼吸中融汇文理工医，在零距离接触中感悟川大精神——四川大学大型学术系列讲座

全国高校校园文化建设优秀成果 2012年

特等奖

在主题教育中增强文化自信，在文化自信中汇聚川大力量——四川大学创新入学教育和毕业教育

全国高校校园文化建设优秀成果 2015年

特等奖

全面打造社团文化的个性化创新人才培养空间——四川大学以学术型社团建设滋养学生成长成才

全国“礼敬中华优秀传统文化” 2015年

特色展示项目

建设书香川大，点亮悦读人生——四川大学以经典研读、知行体悟为重要路径礼敬中华优秀传统文化

四川大學 SICHUAN UNIVERSITY

第九章

开物成务　正德厚生
——基础建设

自新中国成立以来，四川大学在国家和四川省、成都市的大力支持下，积极拓展办学空间，大力破解发展难题，对房屋、基础设施、公共服务体系等进行了全面升级改造，形成了功能合理的校区布局，学校办学条件和办学环境得到了全面改善，校园面貌日新月异，为更长远的发展奠定了坚实基础。

学校基本办学条件发展对比

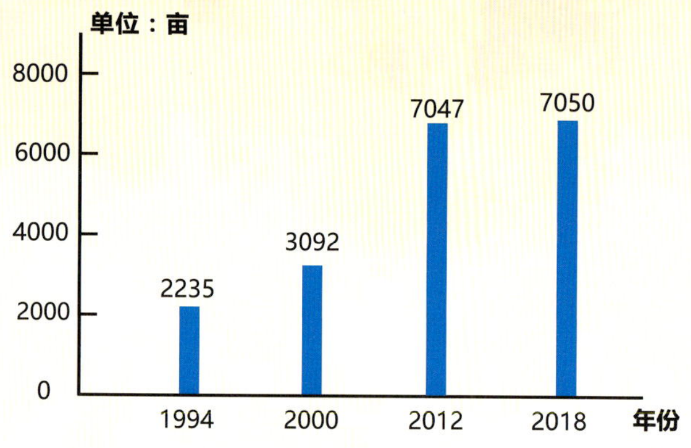

校园面积变化情况

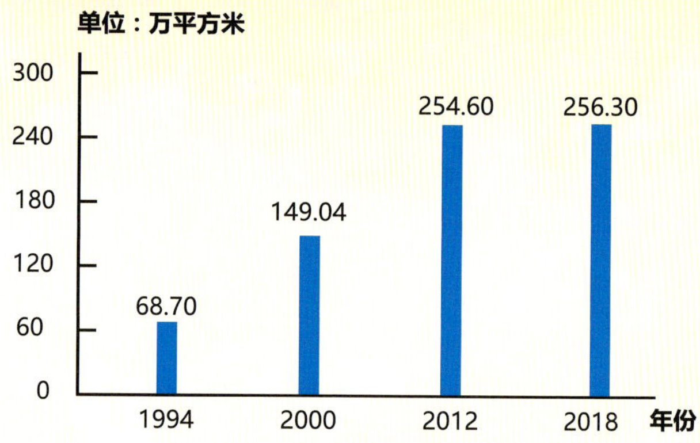

校舍建筑面积变化情况

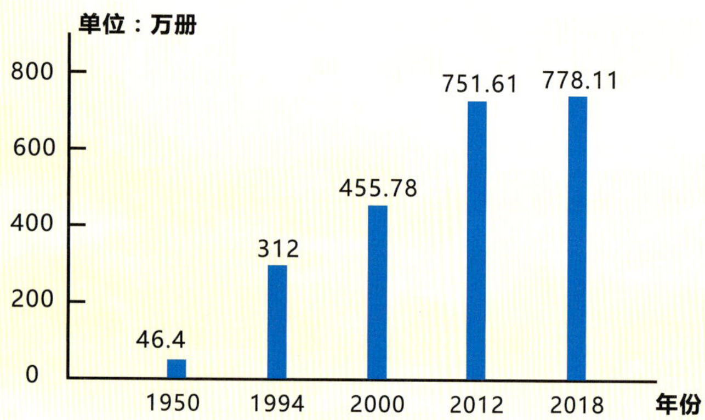

图书馆藏书量变化情况

注：中外文数据库从2000年的16个增加到2018年的311个。

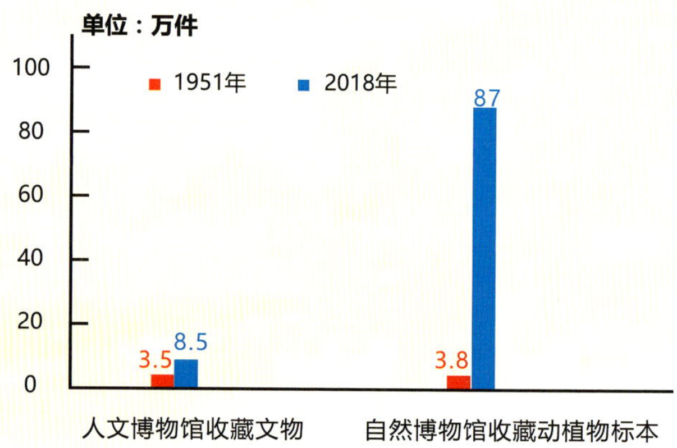

四川大学博物馆藏品量变化情况

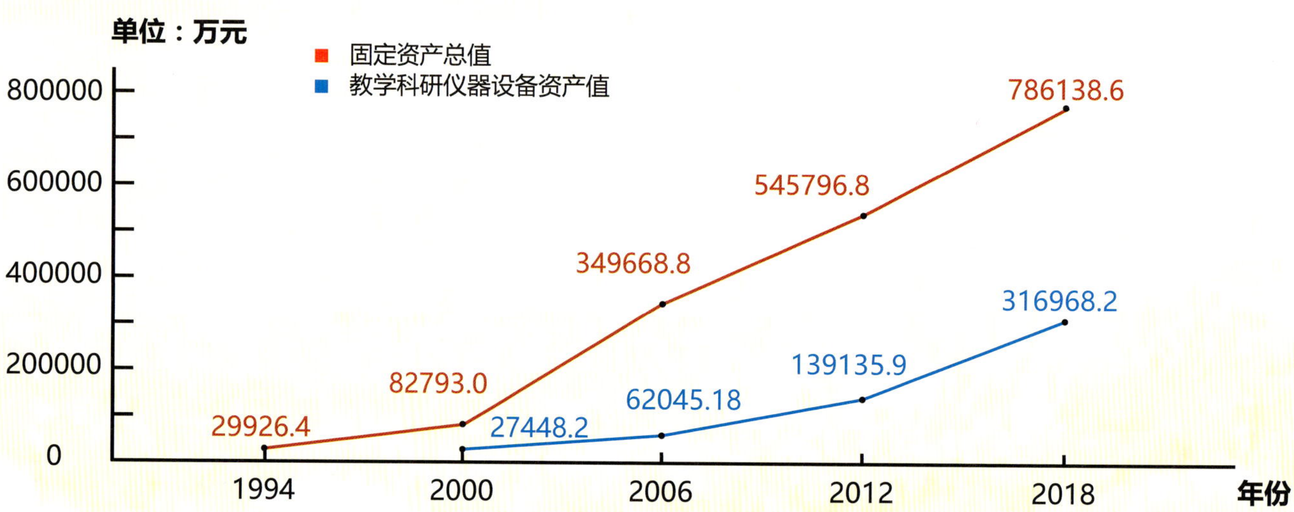

学校固定资产变化情况

注：教学实验项目从2000年的2932个增加到2018年的4246个。

校园今昔

20世纪80年代与今日之望江校区鸟瞰图

20世纪50年代与今日之华西医院鸟瞰图

20世纪50年代与今日之望江校区听荷池

20世纪50年代与今日之明德楼及明德广场

20世纪50年代与今日之华西钟楼

20世纪50年代、90年代与今日之江姐宿舍旧址

20世纪50年代、80年代与今日之校史馆大楼

20世纪50年代、80年代与今日之图书馆内景

20世纪60年代与今日之华西口腔医院

20世纪80年代与今日之篮球场

20世纪80年代与今日之望江校区东区体育场

文化路改造后 ▶

文化路改造前 ▼

2000年，文化路被改建成校内花园大道，打破了阻碍学校深度融合的有形隔墙，为管理体制与运行机制的全面融合创造了有利条件

20世纪80年代与今日之玉章路

新校区建设

2002年，四川大学正式开工建设江安校区。江安校区总占地3300余亩，位于成都市双流航空港经济开发区，是环境生态化、景观园林化、校园信息化的新型大学校园，于2003年秋季入住第一批新生。

江安校区建设开工仪式

江安校区启用仪式

江安校区基础实验楼

江安校区一教楼

鸟瞰江安校区

江安校区图书馆

21世纪新貌

望江校区基础教学楼

望江校区研究生院

望江校区文华活动中心

华西医院新教学大楼

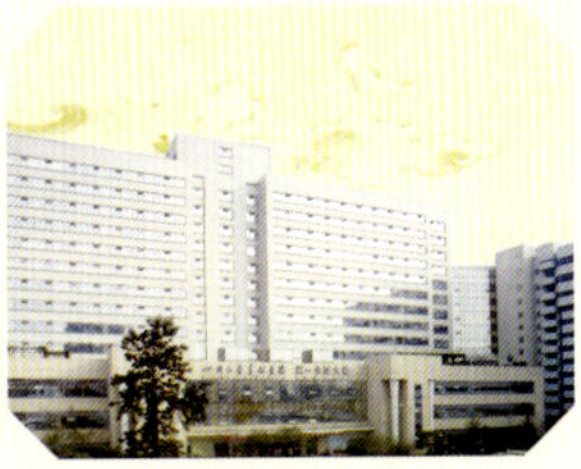

华西医院第一住院大楼

华西妇幼科教大楼

华西第二医院锦江院区

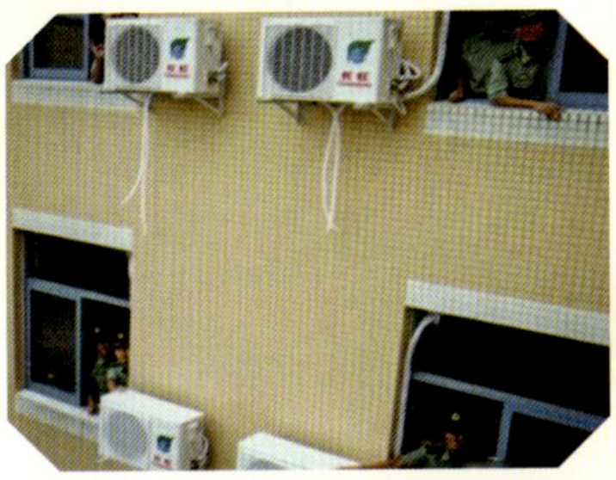

学校对全校学生宿舍进行了全面改造，实现空调、热水、开水进宿舍

学校新建教职工住宅川大花园、江安花园、农林村小区、文星花园、与文里小区，教职工居住条件和环境得到明显改善

学校与成都市共建三个地下停车场，共计车位3500余个

自1996年开始建设校园网以来，历经20余年的发展，校园信息化已形成了相当的规模，并具有高效的服务能力。

校园网络建设重要数据对照表

项 目	1997年	2012年	2018年
校园网主干节点数	3	23	21
校园网主干带宽	155兆	1000兆	10000兆
校园网接入端口数	600~700个共享10兆	100000个	100000个
校园网接入端口带宽	28.8k拨号	100/1000兆自适应	100/1000兆自适应
校园网出入口带宽	64k DDN/2兆微波	800兆+2条100兆商务光纤（1G）	1条10G光纤+2条5G光纤+1条1G光纤（21G）
校园网覆盖率	25栋教学楼	480栋教学、办公、宿舍大楼	500栋教学、办公、宿舍大楼
铺设光纤长度	18.6km	200km	240km
校园网网站数	2个	150个	220个
校园网交换机	32台	3200台	5400台
校园网服务器	5台	65台	75台

第十章

修身立德　风正行远
——党建思政

坚持党的领导是办好一流大学的根本保证。七十年来，学校党委全面贯彻党的教育方针，坚持社会主义办学方向，通过全面加强党的政治建设、思想建设、组织建设、制度建设、作风建设、纪律建设，使学校发展方向同国家发展的现实目标和未来方向紧密联系在一起，为建设世界一流大学凝聚了强大思想力量，提供了坚实政治保障。

1950年2月，四川大学党支部公开；1952年10月，建立党总支；1954，年建立党委；1956年5月5日，召开了第一次党代会。1952年，华西大学先后成立党组、党支部、党总支；1954年5月，成立党委。1956年，成都工学院召开第一次党员大会，并决定建立“党派联系会”制度，共商学校中心工作及重大问题。

20世纪50年代新党员入党宣誓仪式

20世纪50年代校党委扩大会

20世纪60年代学校党建工作成果展览

1950年2月，四川大学成立教职员工联合会；1951年2月，成立学校教育工会；1956年7月10日，召开第一次工会会员代表大会。

中国教育工会成都市四川大学委员会成立大会

中国新民主主义青年团四川大学第一届代表大会全体代表合影

1950年1月，四川大学与华西大学分别成立了中国新民主主义青年团总支部委员会，6月正式公开并发展新团员，10月扩大为团委。1954年2月，四川大学召开第一届团代会。

团委委员研究工作

学生团组织生活会

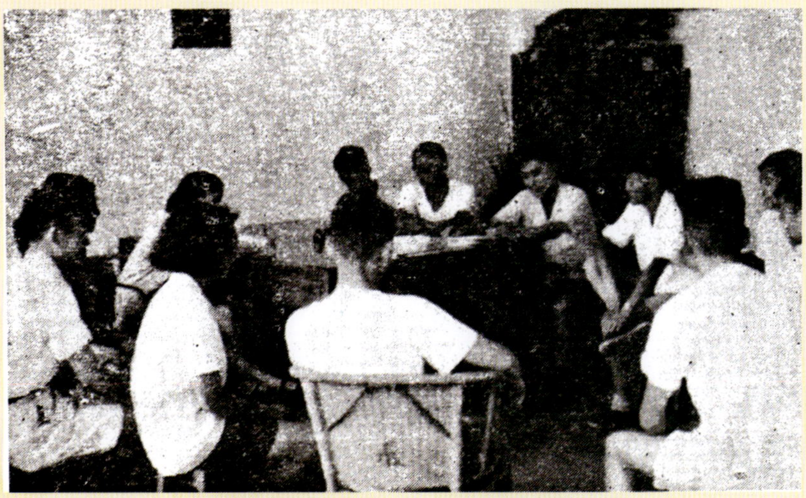

学生会干部工作会

1950年1月23日，四川大学学生会成立；1956年5月4日，四川大学第一次优秀学生代表大会召开，表彰奖励了100名优秀学生。

1983年，四川省高校成立德育研究会之后，学校建立了“共产主义品德课”教研室，开设了思想品德课。

1.1990年，成都科技大学争做优秀德育工作者活动表彰交流会
2.四川大学青年教师马克思主义理论读书班第二学期开学典礼
3.1998年，四川大学成立“大学生邓小平理论研究会”，这是西南地区高校中首个由学生组成的邓小平理论研究会
4.1984年，成都科技大学正式建立教代会制度，并于1984年12月召开首届教职工代表大会
5.1985年，成都科技大学开始实行“校领导接待日”制度
6.1988年6月20日，华西医科大学决定成立6个改革工作小组，在机构改革、经济管理、人事制度、教学、科研、医疗工作改革方面进行了大胆的探索和尝试
7.1991年，学校实施党委领导下的校长负责制。图为党委会集体讨论学校改革发展
8.纪念中国共产党成立72周年暨优秀党组织和党员表彰大会
9.20世纪90年代，学校每年一次的“双十佳”表彰活动
10.郭履容被评为全国“三八”红旗手和全国优秀教育世家
11.全国“三八”红旗手王瑞淑
12.1988年，成都科技大学工会主席张志林获全国“五一”劳动奖章
13.戴保民获全国“五一”劳动奖章

近年来，四川大学以习近平新时代中国特色社会主义思想为指导，深入贯彻落实党的十八大、十九大精神，努力增强“四个意识”，坚定“四个自信”，做到“两个维护”，坚定推进全面从严治党，不断优化内部治理结构，党建工作长效机制不断健全，全面从严治党主体责任有效落实，校园政治生态愈加风清气正，和谐校园建设深入推进，为学校持续稳定发展提供了强大的思想保障。

强化思想理论武装

2000年以来，按照中央统一部署，四川大学党委相继开展了“三讲”、保持共产党员先进性、学习实践科学发展观、党的群众路线教育实践活动、“三严三实”、“两学一做”、“不忘初心、牢记使命”等主题教育。

“不忘初心、牢记使命”主题教育动员大会

保持共产党员先进性教育活动

学习实践科学发展观活动

党的群众路线教育实践活动

“三严三实”专题教育

“两学一做”学习教育

传达学习党的十八大精神

集中收看党的十九大开幕会盛况并座谈

召开全校宣传思想工作会

校党委理论学习中心组学习扩大会

深化思想政治教育

学校把解决思想问题与学生实际问题紧密结合，使学生思想政治工作更具针对性和实效性，更富吸引力和感染力。

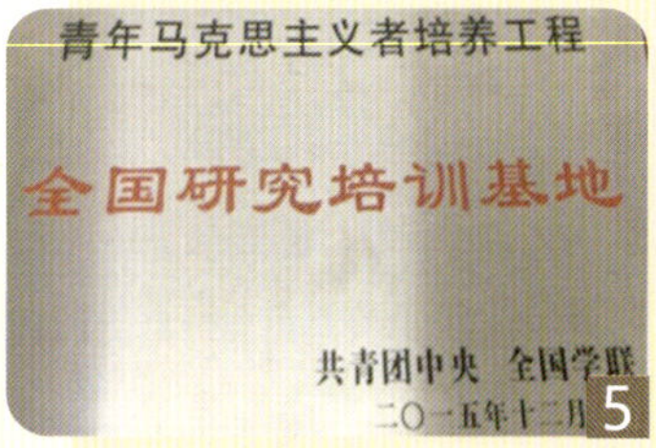

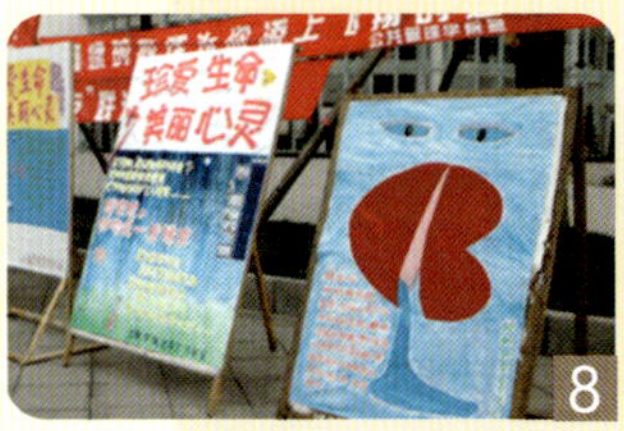

1.2017年2月24日，为深入贯彻落实全国高校思政会精神，四川大学在全国高校中率先召开全校思想政治工作会，出台了《关于加强和改进新形势下思想治工作的实施办法》及重点任务分工方案116条

2.四川大学在全国高校中率先构建了思政课教师、辅导员、全职教导员、班主任、学术导师、组织员等“六位一体”的学生工作队伍体系。图为学校教导员队伍部分成员

3.自2012年起，学校在全校范围内实行名誉班主任制度，由校领导、院领导和著名专家学者担任学生班级的名誉班主任，形成全员育人的生动局面。图为校党委书记王建国开展名誉班主任工作

4.四川大学学习贯彻习近平总书记在纪念五四运动100周年大会上的重要讲话精神座谈会

5.四川大学被确定为首批“青年马克思主义者培养工程”全国研究培训基地，学校探索出“思想政治理论课”“大学生骨干培养学校”“专项培养计划”“理论学习社团”四个层次分类培养模式

6.学校为加强马克思主义学院和思想政治理论课建设，实施了“123+X”思想政治理论课教学改革，马克思主义学院成功入选第二批全国重点马克思主义学院建设单位

7.学校构建完善了学术道德和学术诚信建设体系，建立了学术探索诚信网，实施新生入学签订诚信承诺书制度，每年新生开学典礼上把“学术道德与学术规范”作为新生入学第一课，并建立了“学生诚信档案”，坚持每年开展“诚信教育宣传月”主题活动

8.建立大学生五级心理干预体系，校内开设华西心理专家咨询门诊，学校入选全国高校心理健康教育与咨询示范中心建设计划

9.学校加大困难学生帮扶力度，健全了“奖助勤贷补”为主体的大学生资助体系，2011—2018年发放奖贷助学金23亿元，受益学生15万余人次。图为学校开展的“微爱·阳光行”家庭经济困难学生走访活动

10.2016年8月25日，四川大学在教育部新闻发布会上介绍资助育人工作开展情况

11.2017年，华西口腔医学院（华西口腔医院）荣获“全国五一劳动奖状”，华西第二医院主任医师李征宇荣获“全国五一劳动奖章”

夯实组织工作基础

2005年、2011年、2017年，学校胜利召开了中国共产党四川大学第六、第七、第八次代表大会

2005年，四川大学实施面向海内外公选副校长，并同步在全校范围内民主推荐校党委副书记和纪委书记、全校中层干部和科级干部全员竞聘上岗等干部选拔任用制度

教师党支部书记“双带头人”专题培训示范班

2016年，学校开始在全国高校中率先开展校内基层党建工作考核

2016年，学校开始实行基层党委（总支）书记年度述职评议考核制度

坚持高质量、高标准做好党员发展工作，十八大以来，学校共计培训党员发展对象26465人，发展新党员32633人。

新党员入党宣誓

入党积极分子培训

党员表彰

落实全面从严治党主体责任

学校分别于2012年、2017年两次接受中央巡视，强化了从严治党“主体责任”“党政同责”以及“一岗双责”

学校接受国家审计署经济责任党政同审试点审计

学校每年召开全面从严治党工作会

2018年起，学校对校内基层党组织开展巡察。图为“中共四川大学委员会第三轮巡察工作动员部署暨业务培训会”

推进一流大学治理能力现代化

坚持和完善党委领导下的校长负责制，制定实施《贯彻〈中国共产党普通高等学校基层组织工作条例〉的实施意见》、学院党政联席会议制度、“三重一大”集体决策制度以及推进基层服务型党组织建设、优化党支部设置等党建制度文件66个，制定实施《四川大学章程》，修订完善学校《学术委员会章程》《学院教授委员会章程》，完成《规章制度汇编》，内部治理结构不断优化。

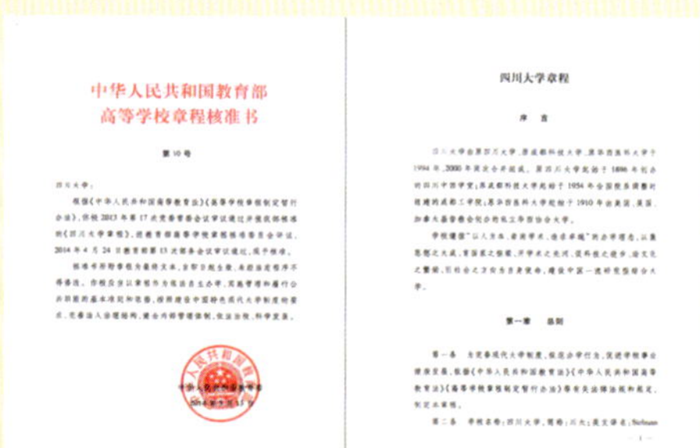

2014年5月，经教育部核准公布《四川大学章程》

2013年，修订学校规章制度，健全机关部门和业务单位职责与服务指南

推进民主政治与和谐校园建设

学校坚持每年召开有明确主题的教代会和工代会，审议学校改革发展的重大举措

学校举行“统战人士校情通报暨新春座谈会”

2018年，学校成立四川大学留学人员联谊会

学校实施每周一次的校领导接待日制度

全国关心下一代工作

先进集体

中国关心下一代工作委员会　中央精神文明建设指导委员会办公室

二〇一〇年六月

学校关工委2010年被授予“全国关心下一代工作先进集体”称号

2001年，学校建立老年大学，现有20多个专业，每年有3000余人次参加学习

深入推进健全安全稳定工作机制，和谐校园和“平安川大”建设。

大力推进和谐社区建设

加强校园环境综合治理和交通整治

定期举行消防演练

面向未来：向世界一流大学奋进

1 一个理念

强化特色

扎根西部

创新引领

世界一流

3 三步走战略

第一步

力争到2020年，口腔医学、化学、材料科学与工程等多个学科进入世界一流行列，四川大学接近世界一流大学水平

第二步

力争到2030年，一批学科进入世界一流行列，多个学科进入世界一流前列，四川大学迈入世界一流大学行列

第三步

力争到2050年，若干学科国际领先，四川大学进入世界一流大学前列

4+1 科学发展布局

坚持“面向人类发展进步、面向未来科学方向、面向世界学术前沿、面向国家区域重大需求”的原则，激励优势特色学科争第一，推动交叉融合学科和前沿探索学科国际领先，引导面向未来学科实现世界首创，重点建设特色优势学科、交叉领先学科、前沿探索学科、面向未来学科四大类学科，并超前部署建设一批聚焦未来新领域、新方向的学科，形成“4+1”学科发展布局。

10 “十个一流”建设

一流师资队伍建设

一流拔尖人才培养

一流学科平台建设

一流科研创新体系

一流成果转化机制

一流华西医疗服务

一流校地合作体制

一流国际合作交流

一流文化传承创新

一流环境条件保障

12 个重点建设学科（群）

中国语言文学与中华文化全球传播	区域历史与边疆学	数学与信息科学技术
化学与绿色化工	诱导组织再生主导的生物医学工程	先进高分子为特色的材料科学与工程
深地岩体力学与地下水利工程	先进轻工技术与环境保护	以生物治疗为主导的前沿基础医学与创新药物学
以精准医疗为导向的临床医学与护理学	口腔医学	管理科学与国家治理

19 个聚焦未来新领域的超前部署学科

- 马克思主义理论与中国特色社会主义创新
- 应激医学引领的特种医学
- 量子科学与新型外场下的物理学
- 综合灾害科学与管理
- 资源生物学与高原生态
- 人工智能
- 电磁辐射科学与传输技术
- 艺术与科学交叉融合
- 工业互联网工程技术
- 医学大数据
- 环境与火安全材料化学与工程
- 老年康养医学
- 新能源与低碳技术
- 灾难医学
- 绿色磷化工前沿技术
- 深地医学
- 智能空天信息与先进装备
- 健康食品科学评价体系研究
- 基于加速器的核技术及应用

结束语

七十年春华秋实，七十年砥砺奋进。新中国成立七十周年来，四川大学继承和弘扬建校一百二十余年来的优良传统，在创建世界一流大学的征程中，迈出了坚实的步伐，取得了显著的成绩。

好风凭借力，扬帆正当时。新时代、新征途、新使命，川大人将扎根中国大地，聚力改革创新，全面推进学校党的建设新的伟大工程和建设世界一流大学新的伟大事业，努力走出一条具有“中国特色、川大风格”的世界一流大学发展道路，为早日实现中华民族伟大复兴的中国梦做出更大的贡献！

后 记

1949—2019年，中华人民共和国走过了七十个春秋。七十年风云激荡，七十年步履铿锵，伴随着新中国前进的步伐，四川大学也经历了不平凡的兴学育才历程。一代代川大人始终坚守立德树人初心，矢志爱国奉献担当，与祖国同前行、与时代同进步，为实现高等教育强国梦和中华民族伟大复兴做出了积极贡献。

在新中国成立七十周年之际，我们把这本图册奉献在大家面前，希望用历史的镜头记录下七十年来四川大学的沧桑巨变和历史性跨越。可以肯定的是，我们的梳理与总结并不十分全面和准确，照片的选编更难免挂一漏万。由于历史条件所限，一些老照片拍摄质量不高。但是，我们相信，广大读者依然可以透过这些泛黄的历史照片，感受到川大人砥砺奋进、追求卓越的精神风貌，领悟到薪火相传、生生不息的川大精神。

本图册在编辑的过程中得到了学校各机关部处、业务单位、学院（医院）和四川大学出版社的大力支持和配合；学校老领导卢铁城、谢和平、吕重九、唐登学、王庭科等同志提出了宝贵的修改意见；四川大学校级领导班子成员对相关章节提出了修改意见；兰利琼、史冰川、管清贵、尹怡、黄菲娅、王绍朋、卢希芬、韩宇、白鹏、廖毅、关平、周静、刘小娟、岳华、卿培亮、黄文、陈剑、谢兵、卢添林、赵熙、李侠、田蕾、陈小龙、李昆等同志对本部门业务相关内容进行了补充完善。本书选用的图片来源于四川大学各部门以及档案馆收藏的图片档案，沈军、黎生、陈明德、郭燕、杨秀建、何苗、王允保、施松柏、王彦东、邱超、陈元明等同志拍摄了其中部分照片。由于年代跨度大，一些图片无法一一核实并标注拍摄者，若有需要，可与四川大学档案馆联系，以便出具采用证明。在此，谨向所有为本书编辑和出版付出辛勤劳动的同志表示诚挚的谢意。

由于水平有限，时间仓促，疏漏之处在所难免，恳请广大读者批评指正。

编 者

2020年7月